Wilhelm Busch –
Die geheimen Mitteilungen
in seinen Bildergeschichten

FRANK EDUARD PIETZCKER

Wilhelm Busch – Die geheimen Mitteilungen in seinen Bildergeschichten

Versuch einer psychologischen Deutung

Bibliografische Information der Deutschen Nationalbibliothek
Die Deutsche Nationalbibliothek verzeichnet diese Publikation
in der Deutschen Nationalbibliografie;
detaillierte bibliografische Daten sind im Internet
über http://dnb.d-nb.de abrufbar.

© 2018 Frank Eduard Pietzcker
Umschlagdesign, Satz, Herstellung und Verlag:
BoD – Books on Demand, Norderstedt
Covergrafik: Annie Dove/ Shutterstock.com
ISBN 978-3-7481-1292-1

Inhaltsverzeichnis

Das doppelte Selbstverständnis. 7

Sinnbilder. 13
    Pflanzen und Tiere 13
    Gegenstände. 18
    Vorgänge. 19

Gesten. 23
    Verlockungen 24
    Drohungen 25

Das Trauma Prügel. 29

Scham und Verhüllung. 33

Beobachtung 37

Sadismus oder Masochismus. 41

Katastrophen 51

Die Welt der Objekte 55

Sexualität 61

Die Eltern 65

Die Schwester Fanny. 81

Die Unerreichbare 87

"Fremdes Glück ist ihm zu schwer" 91

Zwischen den Stühlen 97

Verzicht als Lebenshaltung 101

Schopenhauer und der Pessimismus 105

Der Glaube an die Wiedergeburt 113

Sehnsucht nach dem Nichts 121

Die Malerei 127

Fließende Grenzen 131

Das Haus in der Bockenheimer Landstraße 135

Schlussbetrachtung 141

Fußnoten 147

Nachweis der zitierten Texte und Abbildungen 155

Literaturverzeichnis 159

Abkürzungsverzeichnis 171

Das doppelte Selbstverständnis

Zu einer Zeit, als Wilhelm Busch seinem Verleger ungeniert die Honorare für seine Bildergeschichten vorschreiben konnte, – Werke, die sich längst großer Beliebtheit in der Leserschaft erfreuten –, berichtet sein Malerfreund Friedrich Kaulbach, Busch habe einem Bekannten mit finsterer Miene die Lektüre eben dieser Sachen abempfohlen und ihm die Beschäftigung mit seiner Gedankenlyrik nahe gelegt: „Lesen Sie meine ´Kritik des Herzens`. Darin lernen Sie mich kennen, nicht in den anderen Sachen.“[1]

Die „Kritik des Herzens": Eine Sammlung von meist ernsten Gedichten, die man in die Spezies „Gedankenlyrik" einzuordnen hat. Das 1874 erschienene Bändchen verkaufte sich schlecht, wie Busch in einem Brief mitzuteilen wusste, (Briefe II, Anh. 4, S. 314), und so könnte man annehmen, Busch habe mit seiner Mindereinschätzung der Bildergeschichten um seine Glaubwürdigkeit als ernsthafter Dichter fürchten müssen.

Nun liest man in einem Brief an seinen Freund Erich Bachmann (331), was er während einer Bahnfahrt in seinem Abteil erlebte: „… in Kreiensen zog ein Herr meine Abenteuer eines Junggesellen aus der Tasche und las sie laut der Reisegesellschaft vor, bis Nordstemmen. Es war mir sehr peinlich und ekelhaft; ich tat, als wenn ich schliefe." Diese Reaktion legt eine andere Deutung nah: Den Fall persönlicher Betroffenheit.

Tatsächlich äußerte sich Busch später mehrfach zum Charakter seiner Bildergeschichten. In seiner 1886 verfassten autobiographischen Schrift „Was mich betrifft" bekannte er: „So nahmen denn bald die Bildergeschichten ihren Anfang, welche … mehr Beifall gefunden, als der Verfasser erwarten durfte … Fast sämtlich sind sie in Wiedensahl gemacht, ohne wen zu fragen und zum Selbstpläsier." (GA IV, S. 151). Ähnlich äußerte er sich in einem Brief an Kaulbach: „Dass ich meine Sachen … lediglich und vor allen

Dingen zu meinem rücksichtslosen Pläsier zurechtgeschustert, das ist eben manchen Leuten nicht begreiflich zu machen." (656)

Warum aber immer wieder die Veröffentlichungen? Sind es am Ende geheime Bekenntnisse, die der Autor vor sich selbst ablegt? Es ist in der Literatur mehrfach unterstellt worden, dass sich der Autor sogar in der einen oder anderen, von ihm selbst erdachten, Person versteckte.[2] Dagegen hatte sich Busch allerdings gewehrt. Dass die Bildergeschichten ein Stück von ihm selbst unter die Leute getragen hätten, leugnete er energisch: „Von mir selbst? Das will ich nicht glauben. Ich bin ganz anders. Meinetwegen ganz anders geworden."[3]

Dennoch: Derartige Bemerkungen verraten starkes Abwehrverhalten. So hat man dann auch in seinem Werk gelegentlich eine „grandiose Ersatzleistung" entdecken wollen, bzw. Vorgänge, die unzweifelhaft auf den Autor selbst übertragen werden könnten.[4] So oder so wäre es möglich, dass die „zum Selbstpläsier" geschaffenen Werke Versuche darstellen, um eigene Konflikte darzustellen und damit aufzuarbeiten.

Sein Neffe Hermann Nöldeke erzählte: „Was er veröffentlicht hatte, war für ihn erledigt, wie wenn die Schlange sich gehäutet hat. Den Vergleich gebrauchte er selbst."[5] Das klingt ganz stark nach einem Vorgang des Aufarbeitens, den man allerdings erst einmal nur für die Bildergeschichten gelten lassen sollte. Hier halten die Versuche der Selbstbefreiung und Ablösung von quälenden Innenzuständen an. So schreibt er einmal an seinen Verleger Bassermann, der ihn um einen Kommentar zu einer seiner Neuerscheinungen gebeten hatte:

"In Betreff der 'Deutung` möchte ich ja gewiss gern Deine Wünsche befriedigen; aber es geht nicht, es geht mir durchaus wider die Haare… Ich denke meine Geschichte ehrlich durch und durch, so weit meine Fähigkeit dazu ausreicht. Damit habe ich meine Schuldigkeit gethan und will nun 'mein Ruh` haben. Wenn dann dieser oder Jener dieses oder Jenes sagt, so mag er recht haben; aber ich muss ihn notgedrungen ablehnen, denn er kann mir nichts helfen. Ich weiß selber zu gut, welche Mängel in meiner individuellen Art der Anschauung, welche Hindernisse in der Schrift durch Bilder überhaupt liegen, und mit dieser Selbsterkenntnis muss ich mich beruhigen, so gut es geht, und mit Geduld mein Päckchen weiter tragen." (155)

An diesen Aussagen wird offenbar, mit welchen inneren Schwierigkeiten der Autor zu kämpfen hatte, wenn er preisgeben sollte, was ihn eigentlich bewegte. Die Art der Abwehr verrät starke Ängste vor Bloßstellung, – vor Offenlegung dessen, was eben geheim bleiben sollte. Kein Zweifel: Die Bildergeschichten sind nicht in erster Linie auf „Außenwirkung" gedacht. Die Kommunikation mit dem Leser findet allenfalls im Sinne einer „Beobachtung durchs Schlüsselloch" statt. Die dargestellten Figuren agieren auf einer Ebene, die keinesfalls Mitleidsgefühle o.ä. erzeugen sollen. In seiner autobiografischen Schrift „Von mir über mich" schreibt er: „So ein Konturwesen macht sich leicht frei von dem Gesetz der Schwere und kann, besonders wenn es nicht schön ist, viel aushalten, eh´ es uns weh tut." (GA IV, S. 210)

Finden sich aber möglicherweise erzieherische Absichten hinter seinen Bildergeschichten? Dieser Verdacht ist im Lauf der Zeit gelegentlich geäußert worden. Er dürfte sich aber wohl verbieten. Zu deutlich ist die Ironie, die uns aus den Geschichten von „Max und Moritz", von Plisch und Plum", aber auch aus den „Abenteuern eines Junggesellen" anlacht.

Von der Psychoanalyse ist neuerdings nahe gelegt worden, wie sehr sich literarische oder auch zeichnerische Formen für den Autor eignen, sich bestimmte Phantasien oder gar Ängste bewusst zu machen und deutlicher mit ihnen umzugehen.[6] Die Verwandlung eines persönlichen Konfliktes in ein literarisches Thema oder auch nur in eine literarische Figur, das „Umgießen" in eine neue Form, gestattet u.U. die Beschwichtigung solcher Ängste, die sonst der Verdrängung anheim fallen würden. So heißt es in einer Untersuchung eines bekannten Romans: Die literarische Form „filtert und verändert, kanalisiert und sozialisiert, versteckt und maskiert nicht zugelassene, aber mächtig ins Bewusstsein drängende Phantasien des

Autors so, dass sie für ihn und den Leser bewusstseinsfähig, akzeptabel und kommunikabel werden."[7]

Danach wäre der oben zitierte Verdacht, Busch verstecke sich hinter seinen eigenen Figuren, zwar nicht ganz falsch, geht aber an der Sache vorbei. Natürlich ist das dramatische Geschehen der Bildergeschichten im Ganzen wie im Detail ohne die Lebenserfahrungen des Autors nicht denkbar, Sie erlauben aber nicht ohne Weiteres direkte Bezüge zu seiner Vita. All′ das ist, wie Hans Ries formulierte, „eben doch mit einer ganz anderen Regie gemacht und nach Bedarf gestaltet, als der Autor sein Leben lebt."[8]

Wenn überhaupt, wird man die Person des Wilhelm Busch nur bruchstückhaft in seinen Geschichten wieder erkennen können. Seine Akteure treten in veränderter Gestalt und in anderen Sinnzusammenhängen auf, die zunächst einmal keinerlei Rückschlüsse auf das Leben seines Autors gestatten. Nun lassen sich aber immer wieder gemeinsame Elemente der Darstellung oder auch der inneren Einstellung sowohl in den Bildergeschichten, wie auch in bestimmten Gedichten seiner Gedankenlyrik festmachen. Derartige Analogien könnten doch die oben zitierten Vermutungen bestätigen.

Gewiss finden die in den Gedichten der „Kritik des Herzens", der Sammlungen „Schein und Sein" und „Zu guter Letzt" gemachten Weisheiten auf ganz anderer Ebene statt, als es in den Bildergeschichten der Fall ist. Mit der Gedankenlyrik hat der Autor eine Form gefunden, die über Persönliches hinausgeht und stärkere Allgemeingültigkeit besitzt. Sie hat „den Menschen schlechthin im Visier".[9] Dennoch gibt es zuweilen Sinnentsprechungen, ja auffallende Übereinstimmungen in den letztlich gemachten Aussagen, die nicht zufällig sein können. Sie bieten u.U. eine Handhabe zur weiteren Erschließung eventuell verborgener oder sonst wie rätselhafter Aussagen. Sie gilt es „dingfest" zu machen.

Es findet sich in Buschs Gesamtwerk eine Fülle von Zeichenhaften, von Symbolen und Gesten, die, wo sie nicht aus sich selbst heraus verständlich sind, in bestimmte Lebenszusammenhänge des Autors gestellt werden müssen, um sie angemessen deuten zu können. Einige charakteristische Beispiele seien im Folgenden angeboten.

Sinnbilder

Pflanzen und Tiere

1: Aus: „Schnurrdiburr, oder die Bienen". (GA II, S. 32)

"Meine Welt ist die Welt der Phantasie. Darin will ich nicht gestört sein" ließ Busch einmal seinen Neffen wissen.[10] Dieser grundsätzlichen Einstellung hat er selbst bildhaft Ausdruck verliehen, als er „Schnurrdiburr oder die Bienen" schuf. Der in dieser Geschichte beschriebene Bienenstock ist ein Gleichnis, für dessen Deutung der Meister schon selbst einen Hinweis gab: Der Bienenkorb „kommt mir immer vor, wie ein altes, würdiges Menschenhaupt, wo die Gedanken ein- und ausfliegen. Bald spielen sie gemütlich vor ...; bald sitzen sie behaglich brummend an der Stirn in traulicher Dämmerstunde; bald fliegen sie emsig ab und zu im Sonnenglanze." (GA IV, S.499) Und in der Schrift „Kennen die Bienen ihren Herren?" heißt es 1867. „Der wahre Imker ist der ʹplatonische Philosoph auf dem Thronʹ" (GA IV, S.496)

Sieht man sich in der Bildergeschichte die Szene mit dem Virgil an: „Friedlich lächelt Virgil, umsäuselt von sumsenden Bienen" (5. Kap.), gewinnt man den Eindruck einer Metapher für gewisse Gedankenspiele, für phantastische Schwärmereien, vielleicht sogar Wunschvorstellungen. Die Anspielungen schon im ersten Kapitel werden bereits konkreter: Der Bienenbäcker Krokus verschickt einen Brief an die Kellnerin Aurikel. Es gibt eine Blumensprache, aber die Blume selbst ist schon Symbol genug: So steht die Aurikel für vergebliche Liebe, für die Alleingelassene, der Enzian aber für tatkräftige Sexualität.

2: *Aurikel und Enzian. Aus: „Schnurrdiburr...". (GA II, S. 19)*

Ganz gleich welche Vorstellungen, vielleicht allzu private, Busch mit diesen Anspielungen verband, – seine Ausdrucksmittel, hier also Bild und Symbol,

14

treten stets so fließend und ungekünstelt auf, dass man diese Art der Mitteilung fast als seine normale Sprache einschätzen kann. Mitunter weiß man dann auch nicht sicher, ob und was sie verheimlicht.

Bilder und Symbole können ihre jeweiligen Bedeutungen auf verschiedenen Ebenen entfalten. Busch benutzte auch im Alltag eine Bildersprache. Als ihm Friedrich Theodor von Vischer im „Heiligen Antonius von Padua" einen „pornographischen Strich" attestieren wollte, reagierte Busch verständnislos: „… dem [ist] bei Bestellung des eigenen Ackers ein Stück Guano ins Auge geflogen." (GA IV, S. 151)

Es finden sich in Buschs Werken zahlreich gebräuchliche Bilder und Symbole, die keiner weiteren Erklärung bedürfen. So ist der Affe seit dem Mittelalter Symbol alles Untermenschlichen im Menschen und „steht für Lüsternheit, Geiz und übel wollende List…"[11] Busch benutzt es in seiner Geschichte „Fipps, der Affe", um bestimmte negative Eigenschaften zu demonstrieren, die ein Wesen schließlich schuldig werden lassen können.

3: Kaspar Schlichs Ende. Aus „Plisch und Plum". (GA III, S. 514)

Es finden sich auch selbst erdachte Symbole in seinen Werken: Die immerfort qualmende Pfeife des Kaspar Schlich in „Plisch und Plum" ist ganz sicher nicht nur ein Attribut des alten Miesmachers. Als er stirbt, heißt es von ihr: „Einst belebt von seinem Hauche; / Jetzt mit spärlich mattem Rauche / Glimmt die Pfeife noch so weiter/ Und verzehrt die letzten Kräuter./ Noch ein Wölkchen blau und kraus. –/ Phütt! – ist die Geschichte aus." Der Tabak wird hier zum Lebenselixier eines Menschen, das Rauchen zum Symbol seines Lebens überhaupt.

Es taucht noch ein anderes, nicht gleich erkennbares, „Markenzeichen" für den alten Schlich auf: Am Teich, in den er am Anfang der Geschichte seine beiden Welpen wirft, zeigen sich drei herzförmige Blätter, die in der letzten Szene, in der der Alte sein Leben beschließt, unübersehbar wieder erscheinen. Sie sind nicht zufällig da. Es handelt sich um die „Calla paludis", die in Fachbüchern als „giftiges Teichrandgewächs" bezeichnet wird. Zweifellos eine passende Wappenpflanze für den alten Zyniker, – für das giftige Randgewächs einer menschlichen Gesellschaft!

Mehrfach fällt in den Geschichten Buschs ein Hase auf, der den jeweiligen Bildinhalt begleitet. In der kleinen Sammlung „Hernach" findet sich eine Zeichnung, die das Motiv „Rast im Walde" darstellt. Hier ist wohl die Heilige Familie dargestellt, – ein für Busch ganz ungewöhnliches Thema. Im Text dazu heißt es: „Es hielten mal Wandrer/ Im Walde Ruh, / Da kamen zwei Häslein/ Und schauten zu." (GA IV, S. 339)

Ruhe und Frieden herrscht auch in der Idylle, in der Knopp in den „Abenteuern eines Junggesellen" seine zerrissene Hose flickt: „Hier auf dieser Blumenwiese, / Denn geeignet scheinet diese, / Kann er sich gemütlich setzen, / Um die Scharte auszuwetzen…/ Hier ist alles Fried und Ruh, / Nur ein Häslein schauet zu." („Die stille Wiese") Der Hase deutet hier nun gewisslich mehr als nur Frieden und Ruhe an. Das Abenteuer, das Knopp vorher durchstehen musste, war für ihn mit Peinlichkeit und auch mit Schuld verbunden, die Busch mit diesem Vorfall verband. Nur so ist die Formulierung „Scharte auswetzen" zu verstehen. Ein Riss in der Hose ist keine Scharte, die es auszuwetzen gilt. Es muss sich vorher um eine höchst persönliche Niederlage gehandelt haben. Was ist passiert?

Knopp zeigt sich auf einer dörflichen Kirmes als gewandter Tänzer, engagiert eine Dame und glänzt zum Schluss sogar im Solotanz. Nur ein Missgeschick, nicht eigene Schuld, ist Ursache des Defektes an seiner Garderobe. Keine Frage, dass hier die Eitelkeit eines Menschen, seine Selbstdarstellung angesprochen und gegeißelt werden soll. Knopps Größenphantasie wird auf durchschnittliche Maße zurückgeholt, sein Ausflug in unangemessene Sphären als Schuld angesehen. Der Hase, der die „Reparatur" beobachtet, bildet eine Art Gegenstück, – ein Symbol für die Unschuld.

Der Verdacht, zu viel in dieses Motiv hineingedeutet zu haben, verringert sich, wenn man die Erzählung „Hänsel und Gretel" aus den „Bilderpossen" studiert. Man muss auch hier wieder einen Hasen bemerken, der fast alle Szenen dieser Geschichte als Beobachter begleitet und eigentlich mit der Fabel gar nichts zu tun hat. Sie wird eingeleitet vom Verbot der Mutter an die Kinder, ja nicht in den Wald zu gehen. Dieses Verbot wird natürlich überschritten. Was folgt, ist lebensgefährlicher Strafvollzug. Die schadenfrohe Miene des Hasen zeigt, dass er diese Konsequenz offensichtlich billigt. Auch hier wieder der Kontrapost zur Schuld der Kinder: Das Unschuldssymbol!

4: Aus den „Bilderpossen": „Hänsel und Gretel". (GA I, S. 331)

Gegenstände

Zurück zum Abenteuer des Tobias Knopp: Nach Reparatur seines Bein-kleids sieht man Knopp entschlossenen Schrittes über eine Brücke nach links aus dem Bild gehen. Dies ist allerdings ein eindeutiges und früher geläufiges Symbol für „Wiedergutmachung", das sich z.B. bei Hieronymus Bosch auf einem seiner Altarbilder findet und das in seiner Bedeutung ge-klärt ist.[12] Aber sind das innere Schwierigkeiten, mit denen der Autor selber umgehen musste? Ganz gewiss waren ihm die Probleme eitler Selbstdar-stellung oder gar der Zur-Schau-Stellung nicht unbekannt. Er wird immer wieder dagegen angekämpft haben. Er hatte die Erfahrung mit dem Ruhm gemacht, als sein „Max und Moritz" großes Aufsehen erregte. Aber er hat dann auch das Gedicht gemacht: „Der Ruhm, wie alle Schwindelware, / Hält selten über tausend Jahre…" (GA IV, S. 301f.)

5: „Abenteuer eines Junggesellen." (GA III, S. 42)

Vorgänge

Der Gang nach links über die Brücke: ein Rückzug, – die Korrektur eines Abwegs. Andere Abwege vermeidet Knopp von vornherein. Auf seinem Weg zum Förster Knarrtje geht vor ihm eine „schwärzliche Gestalt", ein Geistlicher, der dann rechts einen kürzeren Seitenweg zur Försterei einschlägt, um dort in Abwesenheit des Hausherrn ein Techtelmechtel mit der Försterin zu beginnen. Der heimkehrende Ehemann entdeckt die Affäre, und es kommt zur Katastrophe, bei der alle Beteiligten, auch Knopp, zu Schaden kommen. Der ramponierte Liebhaber verlässt die Szene wiederum auf einem Seitenweg, diesmal folgerichtig links. Knopp enteilt mit energischem Schritt geradeaus marschierend, als wolle er sagen: „*Deinen Weg gehe ich nicht!*" Ausdruck eines *geraden* Weges!"

Zu seinen sonstigen Begegnungen in dieser Bildergeschichte scheint Knopp auch keine sehr positive Einstellung gehabt zu haben. Der stereotype Refrain am Ende jeden Kapitels: „Knopp vermeidet diesen Ort und begibt sich weiter fort …" spielt revueartig alle möglichen Arten der Lebensgestaltung durch, für die sich eigentlich niemand recht erwärmen möchte. Knopps Empfindungen sind dementsprechend: Ablehnung, Peinlichkeit, ja Ekel. Sie enden schließlich in vitalen Ängsten:

Sein Besuch bei einem fröhlichen Zeitgenossen, dem gerade seine Frau gestorben ist, wird je unterbrochen, als die vermeintlich Tote plötzlich wieder erscheint und sich in einer Art Epiphanie präsentiert. Knopp muss so etwas geahnt haben; warum sieht er während der ganzen Unterhaltung fortgesetzt zur Tür, hinter der die Verstorbene aufgebahrt ist? Während der Ehemann tot umfällt, wird Knopp von panischer Angst überfallen und ergreift überstürzt die Flucht.

Es wird deutlich, dass diese ganze Begebenheit nicht in den Bereich des Wirklichen gehört. Die Ängste, die hier sichtbar werden, können durchaus die Ängste des Autors sein, der sich ein Leben lang mit der Wiedergeburtslehre auseinander gesetzt hatte, was ihn nachweislich nicht wenig belastete, – eine Folge seiner Beschäftigung mit der Philosophie Schopenhauers.

6: Aus: „Abenteuer eines Junggesellen". (GA III, S. 64)

Das Thema „Flucht" hat Busch noch mehrfach beschäftigt. Wenn „Fipps der Affe" im 8. Kapitel sein gut situiertes Zuhause unter Hinterlassung von Chaos und Zerstörung verlässt und die Flucht durchs Fenster ergreift, ist das mehr als bloße Abenteuerlust. Hier kommt die tiefe Überzeugung des Autors vom Bösen in allen Lebewesen zum Ausdruck, die sich nun einmal nicht „domestizieren" lassen. So heißt es in einem späteren „Kommentar" zu dieser Geschichte:

"Und der Fipps verlässt im Saus / Dieses ehrenwerte Haus, / Um sich ferner zu zerstreun / Und ein rechter Lump zu sein." (GA III, S. 528) Die Natur bricht sich Bahn durch alle Formen und Konventionen. Auch diese Einstellung geht auf seine Auseinandersetzung mit der Lehre Schopenhauers zurück.

Weniger „philosophisch", vielmehr eigene „Untaten" widerspiegelnd, ist das, was Busch in seinem „Maler Klecksel" schildert. Kuno, die Hauptperson

20

dieser Bildergeschichte, ist als Lehrling bei einem Maler und Anstreicher angestellt, treibt seine unpassenden Späße, weil er sich in diesem Beruf nicht wohl fühlt. Schließlich verlässt er die Stätte seiner unerwünschten Ausbildung, nachdem er dort ein unbeschreibliches Chaos angerichtet hat. „Froh schlägt das Herz im Reisekittel … / Vorausgesetzt man hat die Mittel."

7: Aus: „Maler Klecksel". (GA IV, S. 106)

Es kann keinem Zweifel unterliegen, dass Busch hier eigenes Erleben in die Geschichte einfließen lässt und dass das alles von starken Schuldgefühlen begleitet wird. Bekanntlich ist er als junger Mann von seinem Vater auf die Polytechnische Schule nach Hannover geschickt worden, um Maschinenbau zu studieren.

Der Sohn fühlte sich zu anderem berufen, verließ die Hochschule in eigener Initiative und begann in Düsseldorf, später in Antwerpen, ein Studium der Malerei. Die Kühnheit des jungen Mannes einem sicherlich strengem Vater gegenüber ist später dauerhaftem und belastendem Schuldgefühl gewichen. Es wird darüber noch zu berichten sein.

Gesten

Im gesamten Schaffen Wilhelm Buschs spielen Bilder und Symbole eine nicht zu übersehende Rolle. Symbole sind bekanntlich Zeichen für Sachen oder Vorgänge, denen alles Nebensächliche oder Zufällige fehlt und wo die jeweiligen Inhalte in Bereichen leben, denen allgemeine Bedeutung und dauerhafter Wert zugeschrieben werden kann. Die in den Bildergeschichten Buschs so zahlreich verwendeten *Gesten*, insbesondere die Hand- und Fingerzeichen, legen sehr bald die Frage nahe, ob es sich hier nicht auch um deutungsbedürftige Zeichen handeln könnte.

Handgesten haben kommunikative Funktion und darüber hinaus oft Symbolwert.[13] In den Bildergeschichten Wilhelm Buschs werden sie geradezu als dramaturgisches Mittel eingesetzt. So treten sie dort entweder in abwehrender, bzw. mahnender Gestalt auf, oder sie locken und sind Zeichen der Verheißung. Die ganze Palette ihrer Möglichkeiten zeigt z.B. Hieronymus Jobs während seiner Predigt auf der Kanzel. (GA II, S. 317ff.)

Die hier mehr spielerisch eingesetzten Mittel zur Unterstützung des Gesprochenen erhalten in der Sammlung „Die Haarbeutel" ernsthafteren Charakter. So wehrt die Wirtin Pauline mit energischer Handgeste den Heiratsantrag ihres Mieters Döppe ab. – Ähnlich theatralisch entsagt im Alter die „Fromme Helene" dem Alkohol, wie auch der „Heilige Antonius" als Beichtvater die Annäherungsversuche der schönen Monika zurückweist. (GA II, S. 114))

Mahnend wird der Zeigefinger erhoben, wenn der Ladenbesitzer Kunze seinen Gehilfen auffordert, „keine dummen Streiche" zu machen, solange er nicht da ist. (Die Haarbeutel. Fritze) – Onkel Nolte hält im 2. Kapitel seine Nichte Helene so zu tugendhaftem Verhalten an. – In der kleinen Bildergeschichte „Die Verwandlung" versucht die Schwester Anna ihren Bruder vom Naschen abzuhalten. (GA I, S. 528ff.) – Schließlich erscheint der Tod mit erhobenen Zeigefinger, um das nahende Ende des Hieronymus Jobs anzukündigen.

Gesten „werden an Werte gebunden, die universelle Geltung beanspruchen." Und sie haben oft eine „moralische Dimension" [14] In allen diesen Fällen, (die sich beliebig vermehren ließen), liegt der moralische Gehalt klar zu Tage, ganz gleich, ob vom Autor sachlich oder ironisch gemeint.

Verlockungen

Nicht immer sind die von Busch verwendeten Gesten und ihre Aussagen offen und eindeutig. Gelegentlich verwendet er vertraute Zeichen, deren Moral sich mehr oder weniger versteckt hält. Im „Heiligen Antonius" (2. Kap.) winkt die verheiratete Julia dem jungen Mann vor dem Fenster und lädt ihn zu einem Schäferstündchen ein. – In derselben Geschichte verleitet die Nonne Laurentia mit lockendem Zeigefinger den inzwischen Mönch gewordenen Antonius dazu, gleich ihr das Kloster zu verlassen. (GA II, S. 89)

In der Prosaerzählung „Der Schmetterling" winkt eine hübsche junge Hexe dem Ich-Erzähler mit dem Finger, der dieser Aufforderung natürlich Folge leistet. (GA IV, S. 236) – Auch „Balduin Bählamm" auf dem Land lässt sich des Nachts von einer jungen Bäuerin zu einem vermeintlichen Abenteuer verleiten. (GA IV, S. 54)) In allen diesen Fällen aber endet das sich ankündigende Liebesabenteuer in einer Katastrophe:

Antonius wird bei der Julia vom überraschend heimkehrenden Ehemann entdeckt und landet im Abtritt. – Bählamm tappt in eine Falle, die die Bäuerin ihm gestellt hat und wird schrecklich misshandelt. – Im „Schmetterling" wird der Ich-Erzähler von der Hexe in peinlicher Weise gequält. – Die Geste, die Lustvolles verspricht, erweist sich als trügerisch.

Auch das Abenteuer des Antonius, der mit der Nonne flieht, hat einen furchtbaren Ausgang: Die Nonne verwandelt sich plötzlich in den Teufel, der die Brüder des Klosters wachrüttelt. Eine Rettung aus dieser Misere scheint nicht mehr möglich. Wie sind diese Katastrophen zu verstehen?

Katastrophen treten in Buschs Bildergeschichten so häufig auf, dass man beinahe von einem „Standard-Motiv" sprechen könnte. Bestimmte Indizien deuten aber gerade in der Antonius-Geschichte auf einen tiefer liegenden Sinn. So lebt die ältere Vorstellung, Lust sei per se mit Sünde verbunden, bis ins 19. Jahrhundert fort und dürfte auch noch auf den „Schopenhauerleser" Wilhelm Busch gewirkt haben.

Drohungen

Indessen legt der Fortgang der Antonius-Geschichte noch eine andere Deutung nahe: In den Wolken erscheint plötzlich die Mutter Gottes, wie sie Antonius im Kloster einst gemalt hat: „Umflattert von der Englein Chor / Tritt sie hervor aus des Himmels Tor. / Den blauen Mantel fasst die Linke, / die Rechte sieht man sanft erhoben, / halb drohend, halb zum Gnadenwinke …"

Das vom Maler entworfene Bild wird jetzt leibhaftig und verspricht mit der Geste der rechten Hand Hilfe aus der Not. Damit gleitet die Erzählung Buschs auf eine völlig neue Ebene. Wie ist diese „Transformation" zu erklären, wo doch der Autor irgendwelchem Heiligenkult gewisslich nicht anhing? Seltsamerweise ist erst neuerdings von der Kunstgeschichte auf die Einmaligkeit der Formulierung „halb drohend, halb zum Gnadenwinke" hingewiesen worden. „In dieser didaktisch-lehrhaften Pose wurde

die Madonna in der Kunstgeschichte, soweit wir sehen, noch nie dargestellt." [15] Verständlich, denn in dieser so ungewöhnlichen Geste, die nicht
nur Gnade verheißt, sondern auch Strafe, versteckt Busch möglicherweise
ein eigenes, ihn stark belastendes Problem:

8: Die Mutter Gottes. Aus: „Der heilige Antonius von Padua" (GA II, S. 88)

In seiner Sammlung „Kritik des Herzens" (GA II, S. 526) hat er seiner Mutter ein Gedicht gewidmet, das in erschütternder Weise die Ambivalenz seiner Gefühle für die Verstorbene offenbart:

O du, die mir die Liebste war,
Du schläfst nun schon so manches Jahr.
So manches Jahr. Da ich allein,
Du gutes Herz, gedenk ich dein.
Gedenk ich dein, von Nacht umhüllt,
So tritt zu mir dein treues Bild.
Dein treues Bild, was ich auch tu,
Es winkt mir ab, es winkt mir zu.
Und scheint mein Wort dir gar zu kühn,
Nicht gut mein Tun,
Du hast mir einst so oft verziehn,
Verzeih auch nun.

Die Mutter als verzeihende Instanz, die – aus welchen Gründen immer – auch heute noch mächtig ist, tritt als „treues Bild" auf, das ihm *ab*winkt und *zu*winkt. Die Parallele zur Erscheinung des Marienbildes – „halb drohend, halb zum Gnadenwinke" – ist kaum noch zu übersehen. [16]

Busch nimmt seine Mutter in dieser Weise in seine Bildergeschichte mit hinein. Zwangsläufig stellt sich da doch die Frage, ob sich ihr Sohn im Antonius selbst darstellen will. Und weiter: Was diese Mutter ihm als reifen Menschen eigentlich verzeihen soll, bzw. vor wem oder vor was sie ihn noch beschützen muss.

Es muss darauf noch eingegangen werden.

Das Trauma Prügel

Die Darstellung von Stockschlägen als Strafe für ein Fehlverhalten oder gar Vergehen ist allein gesehen noch kein Vorgang, der eines Kommentars oder einer Deutung bedarf. Indessen tritt diese Peinlichkeit in den Bildergeschichten Wilhelm Buschs so oft auf, so dass eine mehr als nur flüchtige Betrachtung dieses Sachverhalts geboten scheint. Eigenes Erleben des Autors muss auf diesem Gebiet vorausgesetzt werden.

In den „Bildern zur Jobsiade" (GA II, S. 305)) missbraucht der Rektor seine Pfeife, um seinen Schüler damit zu verprügeln. Dieser hatte ihm heimlich Menschenhaar in den Pfeifenkopf gestopft. Das erinnert nun deutlich an höchstpersönliche Erfahrungen des Autors. In „Von mir über mich" berichtet er, wie er mit eben diesem Streich den Dorftrottel geneckt hatte. Es wäre das einzige Mal gewesen, wo ihn sein Onkel, bei dem er aufwuchs, mit leichten Schlägen bestrafte. (GA IV, S. 207)

Prügel bekam er auch von seinem Vater, als er im Knabenalter Pulver aus einer Kruke entwendet hatte, um damit Schießübungen zu veranstalten. „Er… ergriff mich am linken Flügel und trieb mich vermittels eines Rohrstocks im Kreise umher, immer um die Kruke herum, wo das Pulver drin war. Wie peinlich mir das war, ließ ich weithin verlautbaren." (GA IV, S. 206)

Derartige Mitteilungen beschreiben keine Belanglosigkeiten. Sie spiegeln mit Sicherheit traumatisches Erleben unseres Autors wider. Anders wäre es nicht verständlich, dass seine Bildergeschichten immer wieder in Prügelaktionen oder -strafen enden. Derartiges wird gelegentlich sogar zum Hauptthema der Mitteilung. Möglich, dass Busch viel öfter gezüchtigt wurde, als er uns wissen lässt. In seinen „Sprickern" findet sich die Formulierung: „Durch die Kinderjahre hindurchgeprügelt." (GA IV, S. 545)

Es wird auffallend oft und wegen Belanglosigkeiten, gelegentlich auch ohne jede Not, geprügelt. Der Autor fragt sich insgeheim selbst nach der Berechtigung. Es kann keinem Zweifel unterliegen, dass Busch die Züchtigungen, die er selbst – oft oder nicht oft – erfahren hat, innerlich kaum verarbeiten konnte. Er musste sich wohl immer wieder die Frage nach Verdienst oder Gerechtigkeit stellen.

In „Max und Moritz" (GA I, S. 354) schlägt die Witwe Bolte ihren Spitz, den sie fälschlich verdächtigt, sich ihre Hühner einverleibt zu haben. „Laut ertönt sein Wehgeschrei, / denn er fühlt sich schuldenfrei". – Unschuldig ist auch der geprügelte Hund des Herrn Petermann aus der kleinen Bildergeschichte „Der zu wachsame Hund".

In den „Abenteuern eines Junggesellen" prügelt Druff seinen kleinen Sohn, *bevor* er irgendetwas getan hat. („Ländliches Fest") Und in der Prosaerzählung „Meiers Hinnerk" heißt es vom Küster Bokelmann, dass er „einen kniffigen Rohrstock [besaß], der die schlummernden Seelenkräfte, selbst im voraus, vorzüglich zu ermuntern verstand.

9: „Druff", in: „Abenteuer eines Junggesellen". (GA III, S. 30).– „Knörrje", in: „Schnurrdiburr..."(GA II, S. 21)

(GA IV, S. 332) "Schnurrdiburr" zeigt, wie der Knabe Eugen die Nachbarstochter küsst und dabei erwischt wird: „Herr Knörrje schlägt mit seinem

Stabe, / Und tief gekränkt entflieht der Knabe." Diese Formulierung ist der Harmlosigkeit des Geschehens und der darauf folgenden Strafe gar nicht angemessen. Das „tief gekränkt" lässt vermuten, wie sehr hier eigenes Empfinden des Autors hinsichtlich der Strafaktion zu Wort kommt. Gerade an diesem Fall, wo der leichte Schlag des Knörrje nur ein Straf*gestus* sein sollte, zeigt sich, dass mit ihm weit Schwererwiegendes vollzogen wurde. Die lässliche Tat bekommt einen belastenden Inhalt.

Tatsächlich war Buschs Einstellung zur Prügelstrafe zwiespältig. In seiner autobiographischen Schrift „Was mich betrifft" erzählt er von seinem Onkel: „…nur ein einziges Mal, wennschon öfters verdient, gab's Hiebe…" (GA IV, S. 148). „Wennschon öfters verdient" – das verrät Grundsätzliches: In einem Brief an Maria Anderson resümiert er: „Hiebe kriegt ein *Jeder*, und das mit Recht."

(322) In den „Sprickern" heißt es schließlich: „Ist Leidenschaft das Wesen der Welt, so werden Schläge wohl mehr wirken als Worte." (GA IV, S. 544)

Prügel, die zu Buschs Zeiten oft wie selbstverständlich, und oft genug auch ohne ausreichenden Grund, ausgeteilt wurden, die also gelegentlich nicht mehr als einen lästigen Brauch darstellten, zeigen doch, wie sie von geradezu traumatischer Wirkung sein konnten. Da liegt es nahe, in all' dem hier Gezeigten eine beharrliche Auseinandersetzung mit dem Problembereich „Schuld" zu vermuten, – natürlich den Schuldgefühlen, mit denen Busch selbst zeitlebens umzugehen hatte. Die hier so nachdrücklich dargestellten Körperstrafen – vielleicht eine Art Beschwichtigung der eigenen, unerledigten Schuldgefühle?

Scham und Verhüllung

"Tief gekränkt entflieht der Knabe...", so heißt es also im „Schnurrdiburr".

Aber nicht der körperliche Schmerz, den der Schlag auf das Gesäß des Knaben verursacht, kränkt so sehr. Es ist die Blamage, die der Geschlagene empfindet, als er beim Versuch eines kleinen Liebesabenteuers einem Älteren weichen muss. Jede Niederlage dieser Art, jede Strafe und deren Vollzug ist mit Schamgefühl verbunden.

In der kleinen Bildergeschichte „Hänsel und Gretel" begeben sich die Geschwister trotz mütterlichen Verbots in einen Wald, wo sie grausige Abenteuer bestehen müssen. Schließlich kehren sie als Sieger unversehrt nach Haus zurück. Wie die Mutter ihrer ansichtig wird, winkt sie ihren Kindern drohend mit einer Rute. In gebückter Haltung bedecken die beiden Kinder vor Angst ihr Hinterteil mit den Händen. Die drohende Strafe: Eine Niederlage, die mit Scham besetzt ist.

Blamage und Scham – ein Thema, das bei Busch mehrfach auftaucht. So bei der Entlarvung des Bischofs Rusticus als Vater eines Knaben im „Heiligen Antonius von Padua". – Der Student Döppe, der seiner Wirtin imponieren möchte, versucht seine nächtliche Heimkehr im angetrunkenen Zustand so leise wie möglich zu bewerkstelligen, die Sache geht gründlich schief und endet in einer Katastrophe, die die Wirtin herbeiruft. „Beschämt verbirgt er sein Gesicht..." heißt es am Schluss. (Die Haarbeutel). – Im „Julchen" versucht sich ein Liebestoller im Fensterln, fällt auf eine Täuschung herein und wird peinlich bloßgestellt: „Mickefett, das gibt Malör, / denn die Tante liebt nicht mehr" (GA III, S. 193).

Verdächtig oft stellen sich in den „Abenteuern eines Junggesellen" Blamagen ein, so dass man fast gezwungen ist, hierfür tiefere Gründe zu finden. So sieht man, wie Knopp vor großer Gesellschaft sich als Solotänzer hervortut, dabei aber stürzt und seine Hose an delikater Stelle reißt. Er verdeckt die Blöße notdürftig und verdrückt sich. Später verbessert er den Schaden auf einer Wiese sitzend aus, muss sich dann in seinem unbekleideten Zustand mit seinem Regenschirm mehrfach vor den Blicken eines bäuerlichen Ehepaares schützen. Als dann noch eine Gouvernante erscheint, die ihren Zöglingen befiehlt, die Augen zu schließen, springt Knopp in einen Tümpel. – An anderer Stelle verursacht Knopp durch eine Ungeschicklichkeit eine Katastrophe, die die Damenwelt eines gut situierten Hauses halb in Ohnmacht versetzt. Unserm Held bleibt nur noch die Flucht durch ein Fenster. (GA III, S. 72ff.)

In den ersten drei geschilderten Fällen scheint der Autor noch als neutraler Beobachter, vielleicht mit halbem Bedauern, oder auch mit heimlicher Schadenfreude. Die eingehenden Schilderungen in den „Abenteuern…" legen aber mindestens den Gedanken nahe, der Autor könne sich hier mit seiner Figur identifizieren, – ein Verdacht, der schon früher gelegentlich geäußert worden ist.[17] Ganz gewiss könnte man in vielen Fällen ein intensives Mitfühlen des Autors unterstellen. Wie ernst es ihm immer um dieses Thema war, beweist wohl auch folgendes Gedicht aus der „Kritik des Herzens" (GA II, S. 499):

Laß doch das ew´ge Fragen,
Verehrter alter Freund.
Ich will von selbst schon sagen,
Was mir vonnöten scheint.

Du sagst vielleicht dagegen:
Man fragt doch wohl einmal.
Gewiß! Nur allerwegen
Ist´s mir nicht ganz egal.

Bei deinem Fragestellen
Hat eines mich frappiert:

Du fragst so gern nach Fällen,
Wobei ich mich blamiert.

Dichterisch vielleicht ein schwächeres Produkt. Aber gerade das wenig
Zupackende in diesen Reimen, – das etwas verlegen das Thema Umkrei-
sende, zeigt die eigene Betroffenheit, die der Autor im Augenblick nicht
bewältigt. In diesem Zusammenhang kennt die moderne Psychoanalyse
eine Art Schamgefühl, dem eine schuldige Ursache, also ein Versagen oder
eine Niederlage, gar nicht vorausgehen muss, – ein Gefühl, das nicht „ob-
jektbezogen" ist und das man später auch nicht mehr korrigieren kann. Es
hat ichbezogenen, „narzisstischen" Charakter und ist dauerhaft. [18]

Für diese „Scham vor sich selbst", wie der Fachausdruck hierfür lautet, gibt
es im Falle Wilhelm Buschs durchaus Indizien. Nicht gern ließ er sich z.B.
bei seinen Arbeiten beobachten. So berichtet einer seiner Studienkollegen
aus München: „Bekam er in einer Wohnung unerwartet Besuch, so ver-
schwand gewöhnlich irgend etwas in seiner Tischschublade, ohne dass jemand wissen konnte, was es war, ob ein angefangenes Gedicht oder eine in
Arbeit befindliche Skizze". [19] „Damit ich mich nicht schämen muss, verberge
ich, was mir am teuersten ist." [20]

Von den vielen Briefen, die er erhielt, vernichtete er fast alle. – Abwertend
verfuhr er auch mit den unzähligen Bildern, die er malte. Er verbrannte sie,
hatte sie niemals ausgestellt. In einem Brief bekannte er noch 1896: „Selbst
kann ich das Zeugs nicht empfehlen" (1086). Und einem Besucher, der seine
an der Wand hängenden Studien musterte, bedeutete er: „Sehen Sie sich das
Zeug nicht genauer an; ich bin nicht stolz darauf." [21]

Es ist unbestritten, dass Busch in seiner Erzählung „Der Schmetterling"
Teile seines Lebens, seiner Empfindungen und Selbsteinschätzung mitver-
arbeitet hat: Nachdem Peter, die Hauptperson dieser Erzählung, so vieler-
lei Negatives und Erniedrigendes erlebt hat, kehrt er in seine alte Heimat
zurück, wo ihn niemand mehr wieder erkennt. „Ich wollte arbeiten; ich

wollte geduldig ausessen, was ich mir eingebrockt hatte, und nie... sollten diese guten Leute, die mich so herzlich aufgenommen, in Erfahrung bringen, wer ich sei." (GA IV, S. 262)

Ein Bekenntnis, in dem Scham zu einem Teil der Identität geworden ist.

Beobachtung

Unter den Notizen und Einzelbemerkungen, die Busch auf Zetteln zahlreich hinterlassen hat, findet sich eine Art Aphorismus, der unterschiedliche Deutung zulässt: „Wer zusieht, sieht mehr, als wer mitspielt." (GA IV, S. 541) Diese Einsicht bezieht sich mit anderen Worten auf das, was man Beobachtung nennt, was man positiv, oder kritisch bewerten kann. Busch, den dieses Thema mehr als nur am Rande interessierte, hat Fälle von Beobachtung immer wieder in seinen Bildergeschichten dargestellt, und es überrascht nicht, dass hier die Fälle kritischen Inhalts überwiegen.

Einmal nimmt Busch seine Leser mit hinein in den Ablauf einer Erzählung. In der „Frommen Helene" beobachtet Onkel Nolte seine Nichte beim Briefeschreiben und bekommt Inhalte mit, die natürlich nicht für ihn gedacht waren, die er amüsiert zur Kenntnis nimmt und zeichenhaft an seine Leser weitergibt: „Ad spectatores"! Kaum anzunehmen, dass der Erzähler hier Partei für diese Schnüffelei nimmt. – Auch Helene, die durchs Schlüsselloch Teil an der Morgentoilette ihres Vetters nimmt, genießt sicher nicht das Wohlwollen des Autors, wie man an dem sich anschließenden Treppensturz erkennen möchte.

10: Aus: „Die fromme Helene". (GA II, S. 214)

In einer seiner Bildergeschichten stellt Busch sogar einen verschwiegenen Kommentator in die Handlung, der das Geschehen begleitet. „Hänsel und Gretel" werden bei ihrem – eben verbotenem – Tun von einem kleinen Hasen beobachtet, dessen Gesichtsausdruck die moralische Bewertung der jeweiligen Szene widerspiegelt.

Keiner versteckten Kritik durch den Autor bedarf die Bilderfolge „Der Zylinder" aus der Sammlung „Dideldum". Der fromme Kirchgänger lässt sich auf seinem Weg vom Anblick einer Straßenschönheit ablenken, was den Autor zu offenem Tadel veranlasst: „... o Joseph, was geht dich das an. / Ja siehst du wohl, das war nicht gut, jetzt nimmt der Wind dir deinen Hut." Das ist dann der Anfang einer kleinen Katastrophe... Satirische Übertreibung, Ironie oder nicht – dahinter verbirgt sich dann doch der Vorbehalt vor jeder „Indiskretion". (→ Abb. 11)

Busch spielt gelegentlich sogar mit seiner eigenen Scham. In der kleinen Szenenfolge „Das warme Bad" zeigt er alle Stationen der Säuberung eines braven Bürgers in seiner Badewanne, die man allerdings nur hinter einem Vorhang nachvollziehen muss. Das Tabu ist hier natürlich etwas selbstironisch dargestellt, – als ob der Autor sich zu seinen kleinen Schwierigkeiten selbst bekennt.

Derartige Fälle, in denen Busch als Erzähler auftritt, hier neutral, dort kritisch, lassen sich vermehren. Beispiele eigener, geradezu peinvoller Betroffenheit finden sich aber außerhalb des gewohnten Feldes der Bildergeschichten. In die „Kritik des Herzens" (GA II, S. 515) ist das Gedicht aufgenommen worden:

"Sahst Du das wunderbare Bild von Brouwer?
Es zieht dich an, wie ein Magnet.
Du lächelst wohl, derweil ein Schreckensschauer
Durch deine Wirbelsäule geht.

Ein kühler Doktor öffnet einem Manne
Die Schwäre hinten im Genick;
Daneben steht ein Weib mit einer Kanne,
Vertieft in dieses Missgeschick.

Ja, alter Freund, wir haben unsre Schwäre
Meist hinten. Und voll Seelenruh
Drückt sie eine andrer auf. Es rinnt die Zähre,
Und fremde Leute sehen zu."

Hier drückt der Autor ohne jede Verstellung aus, wie er Beobachtung einschätzt, wenn es um die eigne Sache geht, – z.B. die eigene Fehlerhaftigkeit. An anderer Stelle hat er sich weniger ernst dazu geäußert. In dem Gedicht „Der Einsame" (GA IV, S. 325) reimt er: „… geschützt vor fremden Späherblicken, kann er sich selbst die Hose flicken." Zeichen der Abwehr, wenn ihm jemand zu nahe zu kommen drohte …

Sadismus oder Masochismus

Der Verdacht, Busch habe zumindest eine sadistische Ader, ist schon zu seinen Lebzeiten entstanden. So sprach ihn ein Freund auf diesen Umstand an: „Ich meine zum Beispiel Ihre behagliche Freude an qualvollen Katastrophen und schweren Körperverletzungen." Busch soll auf diese Bemerkung hin sehr nachdenklich geworden sein.[22] Man wird diese Unterstellung so wohl auch nicht aufrecht erhalten können.

Tatsächlich war Busch mit diesen Dingen innerlich stark beschäftigt. In seiner autobiografischen Schrift „Von mir über mich" reflektiert er über die in Holzschnitt angelegten Bildergeschichten: „So ein Konturwesen macht sich leicht frei von dem Gesetz der Schwere und kann, besonders wenn es nicht schön ist, viel aushalten, eh's uns weh tut." (GA IV, S. 210)

Das sind nicht unbedingt Worte eines Sadisten. Die oft stilisierte, unrealistische Darstellung seiner Figuren, wenn sie hinfallen wie Porzellanpuppen, oder die Treppe hinunterrutschen, wie beim berühmten Treppensturz in der „Frommen Helene", führen doch weit genug aus dem Bereich der Realität des nur Grausamen heraus.

Auch das Motiv des bei Busch so häufig auftretenden Zweikampfes ließe sich in diesem Zusammenhang heranziehen. So hat Bonati [23] solche Szenen zahlreich untersucht und meistens Rachebedürfnis für erlittene Niederlagen entdecken wollen, wie z.B. in der grausamen Geschichte „Der Bauer und der Windmüller", – ein Vergeltungsschlag, den man hier allerdings erwartet. (GA I, S. 121ff.)

Es fällt aber auf, dass die Mehrzahl der dargestellten Zweikämpfe *unentschieden* ausgeht. Die kleine Bildergeschichte „Der Frosch und die beiden Enten" enthält neben dem Kampf des Frosches gegen zwei Enten, der mit seiner Verletzung und Wiederherstellung endet, noch den Zweikampf der beiden Enten untereinander, denn jede möchte den Frosch allein verschlucken. Einen Sieger gibt es hier nicht; der Koch schneidet schließlich beiden die Hälse ab. (GA I, S. 103ff.)

„Der Hahnenkampf" zeigt zwei Hähne, die sich den Genuss einer Brühe neiden. Gerupft verlassen beide am Ende die Wahlstatt. Das Drama vom „Müller und Schornsteinfeger" zeigt, wie sorgfältig Busch konstruierte, um im Kampf der Akteure kein Übergewicht entstehen zu lassen. (GA I, S. 168ff.; 229ff.)

Im „Bad am Samstag Abend" überbieten sich zwei Buben in Erfindungen, um den Badegenossen im Bottich zu kujonieren. Wiederum gibt es keinen Sieger, als der Bottich schließlich umstürzt. Nur Verlierer gibt es dann auch in der Bildergeschichte „Die feindlichen Nachbarn" (I., S. 470ff.). Spätestens hier hätte der Autor schon aus Sympathie zum „Malerkollegen" Partei ergreifen können. Stattdessen zeigt unser Autor *zwei* ruinierte Akteure. Es ist ganz deutlich, dass Busch in seinen Zweikampfszenen nicht gern jemand gewinnen lässt, was man von einem Sadisten eigentlich erwarten müsste

Aus den Jahren 1870 und 1880 stammen zwei Ölbilder: „Zwei Schusterjungen balgen sich um einen Apfel"; ein Schusterjunge entwindet einem sehr viel kleinerem einen Apfel und verzehrt diesen selbst. Der Sieger geht triumphierend ab, der Besiegte liegt klagend am Boden. Zu diesen Bildern existiert eine Federzeichnung, die vielleicht eine Vorstudie zu den beiden Ölbildern darstellt: „Sieger und Besiegter".[24] Diese Fassung zeichnet sich gegenüber den Ölbildern durch eine weit größere Härte und Grausamkeit aus. Der Größenunterschied der beiden Dargestellten ist stärker, der Überwältigte ist fast noch ein Kleinkind, das, brutal niedergeworfen, schreiend im Dreck liegt. Die Rückansicht des aus dem Bild gehenden Siegers verleiht dieser Szene etwas Endgültiges, nicht wieder gut zu Machendes. Was bleibt, ist eigentlich nur ein Gefühl der Ohnmacht.

Auf den Ölbildern ist dieser Eindruck gemildert. Der Besiegte ist ein Junge von fünf bis sechs Jahren, sein Sturz nimmt sich etwas glimpflicher aus, als auf der Zeichnung. Der Sieger geht mit seiner Beute auf den Betrachter zu; man sieht jetzt, dass er immerhin menschliche Züge trägt. Der Gesamteindruck dieser Darstellung ist nicht mehr ganz so bitter. Gewiss hat Busch die Grausamkeit der Federzeichnung selbst nicht ertragen können. Für eine Darstellung in Öl kam sie dann nicht mehr in Betracht. Wenn diese Deutung zuträfe, müsste jeglicher Verdacht auf Sadismus dahingehen.

Mit welcher Gefühlstiefe Busch auch sonst abschreckende Ereignisse aufgenommen hat, zeigt ein Brief, in dem er die Tötung eines Schweins schildert: „... noch ganz in dunkler Früh wurd ich aufgeschreckt und schmerzhaft horchend wach erhalten durch die Wehklagen eines der vielen Schweine, welche der Genusssucht alljährlich zum Opfer fallen. Jetzt wird´s herausgezerrt aus dem lieben, duftenden Stalle; jetzt liegt´s geknebelt, jetzt der Stich, Nothwehr geboten und heftig ausgeübt; Blutverlust fast beruhigend, scheint´s; dann aber erst recht, dicht vor der Todesgewissheit, der größte, grässliche Unmuth; dann röchelnde Entsagung; zuletzt Stille mit Nachdruck....“ (769)

Erlaubt das ein Urteil über den Sadisten Busch? Man muss da unterscheiden zwischen einem rein *aggressiven* Sadismus, der nur auf Zerstörung ausgeht, und einem *hedonistischen* Sadismus, der sich am Schmerz eines anderen weidet.[25)] Ein Beispiel, in denen man den sog. hedonistischen Sadismus erkennen könnte, liefert das oben zitierte Gedicht, in dem es am Schluss ja heißt:

Ja, alter Freund, wir haben unsre Schwäre
Meist hinten. Und voll Seelenruh
Drückt sie ein andrer auf. Es rinnt die Zähre,
Und fremde Leute sehen zu.

In der Bildergeschichte „Plisch und Plum“ erscheint die seltsame Gestalt des Kaspar Schlich. Er begleitet die ganze Geschichte in allen Szenen als Beobachter, und jedes Mal, wenn der Familie Fittich eine kleine Katastrophe widerfährt, demonstriert er seine heimliche oder gar offene Freude. Die

Frage ist, inwieweit sich Busch hier mit seiner eigenen Erfindung identifiziert. (GA III, S. 449ff.)

Betrachtet man andere Bildergeschichten, in denen der sog. aggressive Sadismus dargestellt wird, ist auch hier nicht gleich deutlich, wie das innere Verhältnis des Autors zu seinen Akteuren ausgesehen haben könnte. Da ist die Geschichte vom Hundefänger (Die Strafe der Faulheit), der einer alten Dame den Mops wegfängt, ihn schlachtet und brät und seine Haut überdies noch für gutes Geld der entsetzten Eigentümerin zurückerstattet. Sein Gesichtsausdruck ist bei diesen Handlungen an zynischem Vergnügen kaum zu überbieten! (GA I, S. 433ff.)

Natürlich muss dieses Vergnügen nicht auch das des Autors sein. Nicht nur als Beobachter, sondern wohl auch in gewissem Maße als Teilnehmer, vielleicht sogar als Mitleidender, zeigt sich der Autor in den schon zitierten „Abenteuern eines Junggesellen". Da besucht Knopp einen alten Bekannten, der sich und seine Familie für einen Gang zum Schützenfest vorbereitet: „Druff hat aber diese Regel: / Prügel machen frisch und kregel / Und erweisen sich probat / Ganz besonders vor der Tat." So wird zunächst einmal das Hinterteil seines Söhnchens mit einem Stock bearbeitet. „Drum hört Knopp von weitem schon / Den bekannten Klageton."

Dieses allerdings sadistisch zu benennende Vorgehen, – also jemanden zu bestrafen, wenn er noch gar nichts „verbrochen" hat –, spielt nun im Leben Wilhelm Buschs eine geradezu bestimmende Rolle. In der Gedichtsammlung „Zu guter Letzt" heißt es in dem Gedicht „Die Birke": „Von Birken eine Rute, / Gebraucht am rechten Ort, / Befördert oft das Gute / Mehr als das beste Wort."
(GA IV, S. 300f.)

Dass diese Peinlichkeit weder humorig noch satirisch gemeint ist, zeigt der schon zitierte Bericht unseres Dichters, der in die Nähe eines Bekenntnisses führt. In seiner autobiographischen Schrift „Von mir über mich" berichtet er von einem Abenteuer, als er mit einem Spielkameraden kleinere Schießübungen auf dem Acker veranstaltete, wozu er etwas Pulver aus einer Kruke nahm, die in seinem Elternhaus auf dem Speicher stand. Nach Haus gekommen, wurde er vom Vater empfangen: „... er ergriff mich am linken Flügel und trieb mich vermittels eines Rohrstockes im Kreise umher, immer um die Kruke herum, wo das Pulver drin war. Wie peinlich mir das war, ließ ich weithin verlautbaren. (GA IV, S. 206) – In einem Brief an eine gute Bekannte berichtete er ein ander Mal: „Als Junge kriegt´ ich mal Hiebe und *nicht* mit Recht. `Kann nicht schaden! hieß es. Die sind für Das, was man nicht weiß!`" (272)

Es wird an diesen Stellen deutlich, wie sehr diese Art der Strafe Busch peinlich und nachhaltig berührt hat, ja dass sich vielleicht eine traumatische Situation für ihn daraus hat ergeben können. Immer wieder taucht diese Prügelstrafe in seinen Bildergeschichten auf – ohne Zweifel die heimliche Gegenwart des Vaters. In seiner Schrift „Was mich betrifft" berichtet der Autor über seinen Vater allerdings kaum Nennenswertes. Was einem aber peinlich ist, verschweigt man.[26]

Das, was einer Person in dieser Form angetan worden ist, also Drohung und Wiederholung von Schlägen sowie ihre „Heiligsprechung", würde ein echter Sadist normalerweise weitergeben. Man sagt auch: Er reinszeniert diese Vorgänge, indem er sie selbst in die Hand nimmt. [27] Das trifft auf Busch gewiss nicht zu. Kaum dass er derartiges an seinen Neffen, um deren Erziehung er sich bekanntlich kümmerte, nachvollzogen hätte.

Nicht ganz abwegig ist aber der Gedanke, dass solche Reinszenierung von Busch *auf dem Papier* vorgenommen wurde. Er lässt bestimmte seiner Gestalten leiden, in denen sich Missetaten, Schuld und Strafe darstellen lassen. Hier wird die Strafe, wie angeführt, grausam übertrieben, als ob der Autor sich in Verdacht hätte und darum in jedem Fall Rechenschaft vor sich selber ablegen möchte. Er bestraft sich für seine erdachten Missetaten am Ende selbst.

Damit bekäme nun auch eine oft zitierte, aber in ihrer Tiefe noch gar nicht erkannte Bemerkung einen Sinn: „Dass ich meine Sachen... lediglich und vor allen Dingen zu meinem rücksichtslosen Pläsier zurecht geschustert, das ist eben manchen Leuten nicht begreiflich zu machen." So schreibt er 1886 an einen Freund (656), eine Mitteilung aus „Was mich betrifft" energisch wiederholend. Statt „zum Pläsier" hätte er allerdings besser „aus innerem Zwang" sagen sollen! Welcher Art könnte dieser Zwang aber gewesen sein?

Aufschlussreich hinsichtlich der hier vorliegenden psychischen Vorgänge ist eine weitere Stelle aus dieser Schrift: Busch wurde als Knabe zu einem Verwandten in einer entfernt liegenden Ortschaft zur Erziehung und Weiterbildung gegeben. Er wurde mit viel Güte und Menschlichkeit erzogen. „... nur ein einziges Mal, wennschon öfters verdient, gab's Hiebe; mit einem trockenen Georginenstengel; weil ich den Dorftrottel geneckt." (GA IV, S. 148)

Die Formulierung „wennschon öfters verdient" lässt auf ein starkes Schuldgefühl schließen. Man wird in diesem Strafbedürfnis jetzt eher ein Element des *Masochismus* erkennen. Er ist vom Sadismus im Grundsatz gar nicht so weit entfernt. Sigmund Freud hat schon darauf hingewiesen, dass „ein Sadist... immer auch gleichzeitig ein Masochist" ist. [28] Es wird nötig sein, Formen und Elemente des Masochismus daraufhin zu befragen, inwieweit sie auf Wilhelm Busch zutreffen.

Auch nach heutiger Meinung bilden Sadismus und Masochismus immer noch ein fundamentales Gegensatzpaar. [29] Unter Masochismus versteht man eine sexuelle Veranlagung, die als erster der Schriftsteller Leopold Ritter von Sacher-Masoch in seinem Roman „Venus im Pelz" (1869) ausführlich beschrieben hat. „Ich habe zwei Frauenideale. Kann ich mein edles, sonniges, eine Frau, welche mir treu und gütig mein Schicksal teilt, nicht finden, nun dann nur nichts Halbes oder Laues! Dann will ich lieber einem Weibe ohne Tugend, ohne Treue, ohne Erbarmen hingegeben sein... Kann ich nicht das Glück der Liebe voll und ganz genießen, dann will ich ihre Schmerzen, ihre Qualen auskosten bis zur Neige; dann will ich von dem

Weibe, das ich liebe, misshandelt, verraten werden, und je grausamer, um so besser." [...] „*Der Sklave eines Weibes, eines schönen Weibes zu sein, das ich liebe, das ich anbete!*" „Und das Sie dafür misshandelt!" unterbrach mich Wanda lachend. „Ja, das mich bindet und peitscht, das mir Fußtritte gibt, während es einem anderen gehört."[30]

Über diese, etwas ungewöhnliche, Veranlagung hat Freud in seinen „Drei Abhandlungen zur Sexualtheorie" geschrieben: „Wer Lust daran empfindet, anderen Schmerz in sexueller Relation zu erzeugen, der ist auch befähigt, den Schmerz als Lust zu genießen, der ihm aus sexuellen Beziehungen erwachsen kann. Ein Sadist ist immer gleichzeitig auch Masochist, wenngleich die aktive oder die passive Seite der Perversion bei ihm stärker ausgebildet sein und seine vorwiegend sexuelle Betätigung darstellen kann."[31]

Der Masochismus wird letztlich auf die Spannung zwischen Kind, Mutter und den Vater zurückgeführt. Das Kind kämpft um den Platz neben der Mutter und will den Vater verdrängen. Es fühlt sich darum ihm gegenüber schuldig und erwartet Strafe von ihm. Die Strafe nimmt am Ende einen Teil des Schuldgefühls weg und wird schließlich als lustvoll empfunden. Dieses Schuldgefühl wächst sich zu einem intensiven Straf*bedürfnis* aus; schließlich will der Masochist „wie ein schlimmes Kind behandelt werden".[32]

Die heutigen Deutungsversuche führen die masochistische Phantasie auf den Versuch zurück, frühen traumatischen Erfahrungen einen Sinn zu geben. Es entwickelt sich ein Bedürfnis, das Leiden nun *freiwillig* auf sich zu nehmen, was dann der Besänftigung der Bezugsperson gilt, der gegenüber man sich schuldig fühlt. Die Angst vor dem Verlust der Liebe eines Elternteils ist stets gekoppelt mit Schuldgefühl: „Der Schmerz ist das Lösegeld für die Schuld."[33]

Opfer solcher Traumatisierungen, also z.B. Misshandelte, stellen diese Erlebnisse in monotoner Wiederholung wieder her. Diese Wiederholung bildet den unbewussten Versuch, das Leiden zu dosieren und damit in den Griff zu bekommen. Der traumatisierte Zustand wird provoziert, um ihn gleichsam in Regie zu nehmen. Mit anderen Worten: „Leiden und Schmerz sind Opfer, die man im Voraus bringt, um nicht bestraft zu werden... Lieber den Schmerz und das Geschlagenwerden als überhaupt keine Zuwendung."[34]

Diese Betrachtungen geben möglicherweise Auskunft über bestimmte Einstellungen Buschs, wie sie hier zur Frage stehen. Seine 1895 entstandene Prosaschrift „Der Schmetterling" bestätigt in verblüffender Weise den Verdacht masochistischer Disposition beim Autor. Diese Geschichte, die unzweifelhaft nicht aus der Distanz eines Erzählers verfasst ist, enthält zahlreiche Elemente, die ohne Frage dem Masochismus zuzuordnen sind:

Peter, der Hauptdarsteller dieser Geschichte, gerät auf seiner Jagd nach einem Schmetterling in die Fänge einer jungen, hübschen Hexe. „Ich fiel direkt in zwei offene Weiberarme und wurde auch umgehend so heftig gedrückt und abgeküsst, dass ich, der so was nicht gewohnt war, in die peinlichste Angst geriet." – Später wird Peter von der Hexe in einen Hund verwandelt. „Es wurde mir wunderlich zu Mut. Mein Gefühl für dies Teufelsmädchen war nicht mehr Liebe, sondern einfach hundsmäßige Unterwürfigkeit. Ich kroch ihr zu Füßen..." Er muss der Herrin morgens die Pantoffeln bringen und wird traktiert „mit harten Schlägen vermittels der Pantoffeln, die sehr spitze Absätze hatten..." Sodann muss er mit ansehen, wie die hübsche Hexe einen Verehrer empfängt, sich ihm auf den Schoß setzt und ihm die Kleidung öffnet. Am Ende wird dem Hund, alias Peter, mit einem glühenden Eisen gar der Schwanz abgeklemmt. (GA IV, S. 229, 247ff.)

Man muss wohl annehmen, dass sich in diesem Text eigenes Empfinden des Autors widerspiegelt. Entsprechend liest man z.B. in „Eduards Traum": „Der Schmerz ist positiv!... Die Freude ist negativ!" (GA IV, S. 190) Und in einem Brief gesteht Busch 1875: „Man leidet eben, weil man da ist." (282)

Die Übereinstimmung der Details mit dem Text von Sacher-Masoch, ja mit den neueren Aussagen der Tiefenpsychologie, ist geradezu verblüffend! Es lassen sich noch mehr Indizien finden, die dem Verdacht einer Affinität Buschs zum Masochismus Nahrung geben können: Das oben angesprochene Schuldbewusstsein spielt im Leben des Wilhelm Busch eine bestimmende, ja lähmende Rolle. Ganz gleich, welche Faktoren zur Deutung man hierfür bemüht, – diese Belastung hat Busch ein Leben lang niedergedrückt.

Schuldgefühle überfallen ihn zu bestimmten Gelegenheiten, Schuldgefühle belasten ihn permanent seiner Mutter gegenüber. Als Mittvierziger widmet er seiner verstorbenen Mutter das oben zitierte Gedicht mit der Wendung: „Du hast mir einst so oft verziehn, / Verzeih auch nun."

Man muss sich fragen, was denn die Mutter fortgesetzt verzeihen soll, wo doch der Sohn so Arges nicht verbrochen haben kann. Und selbst im schlimmsten Fall dürfte ein Schuldgefühl nicht so dauerhaft sein und über den Tod der betreffenden Person hinausreichen. Um eine Dauerbelastung eines Schuldgefühls der Mutter gegenüber handelt es sich hier aber zweifellos.

Bezeichnend für das Verhältnisses zur Mutter ist die oben schon mehrfach zitierte Formulierung vom „treuen Bild", von dem es heißt: „Es winkt mir ab, es winkt mir zu." Es ist gekennzeichnet vom fortgesetzten Versuch des Kindes, irgendwie noch eine Bindung zur geliebten Person herzustellen. Die Abwehr der Mutter, der das Kind zu nahe kommt, bewirkt bei ihm, dass es sich schließlich geradezu aufdrängt. Das „verzeih auch nun" könnte sich danach auf diese beständigen Versuche des Knaben Wilhelm beziehen, die wegen ihrer Penetranz stets die gleiche unwillige Reaktion der Mutter hervorgerufen haben könnten. [35]

Die Wissenschaft beschreibt den Umstand eines fortwährenden Schuldgefühls, obwohl nichts Tadelnswertes vorangegangen ist, als das Phänomen des „Inneren Richters". [36] Das, was im Rechtsbereich „Gewissensautonomie" genannt wird und das normalerweise jede Missetat, erst recht jedes Verbrechen, begleitet, kann übermächtig werden und einen Menschen gleichsam in die Irre führen. Busch hat solche Belastungen allerdings gekannt und in mindestens einer seiner Bildergeschichten verarbeitet:

In der schon zitierten Bildergeschichte „Die Verwandlung" wird das Naschen eines kleinen Jungen, das ihm von der Mutter verboten wurde, mit völlig unangemessen strenger Strafe geahndet. Der Junge wird von einer Hexe in ein kleines Schwein verwandelt. Das Schuldbewusstsein hat sich bei Busch offenbar weiter aufgebaut und dabei das Phänomen des „Inneren Richters" pervertiert. Ein permanentes Schuldbewusstsein wird mit anderen, gar nicht dazu gehörenden, Erscheinungen zusammengebracht, die zur Begründung der verhängten Strafe niemals herhalten müssten.[37]

Katastrophen

Zwei Junggesellen, Studiosus Döppe und Knopp beim Besuch der Familie Piepho, sind jeweils um eine Frau bemüht und bringen sich durch eigene Ungeschicklichkeiten um ihre Chance; beide Male endet ihr Bemühen in einer Katastrophe. Derartige Eingriffe des Zufalls oder anderer Hinderlichkeiten treten in Buschs Bildergeschichten so oft auf, dass man schon von der „Tücke des Objekts" oder von „prekärem Objektverhältnis" gesprochen hat.[38] Damit wird man aber die Eigenarten dieser Katastrophen auf die Dauer nicht befriedigend deuten können. Oft ist nicht das *Objekt*, das hier zur Rede steht, Ursache des Misslingens, sondern der jeweils handelnde Mensch, – die „Unzulänglichkeit des *Subjekts*".[39]

Sigmund Freud verlegt solche Vorkommnisse vornehmlich in den Bereich des Unbewussten und spricht dann von „Fehlleistungen". Er schildert in seiner „Psychopathologie des Alltagslebens" einen typischen Fall und zitiert dazu folgenden Text: „Wenn man darauf achtet, wie sich die Leute auf der Straße benehmen, hat man Gelegenheit zu konstatieren, wie oft den Männern, die – wie schon üblich – den vorübergehenden Frauen nachschauen, ein kleiner Unfall passiert. Bald verstaucht einer – auf ebener Erde – den Fuß, bald rennt er eine Laterne an oder verletzt sich auf andere Art."[40] Freud nennt das „Selbstbeschädigung als Selbstbestrafung". Nach damaligem Empfinden Anfang des 20. Jahrhunderts lag eine Verfehlung vor, wenn Männer allzu offen Frauen nachschauten. Sie verdiente Bestrafung, die die Missetäter dann an sich selbst vollzogen.

Es ist das Bemühen Freuds, nachzuweisen, dass derartige Missgeschicke nicht zufällig eintreten, sondern dass sie jeweils vom Betroffenen selbst herbeigeführt werden, – indessen nicht so, dass ihm seine geheime Absicht bewusst würde. In Buschs Bildergeschichte „Der Zylinder" findet sich eine auffallende Ähnlichkeit mit der von Freud angeführten Katastrophe. Auch hier geht es wieder um Tabu Verletzung. Joseph begibt sich im

Festtagsstaat und dem Brevier in der Hand zur Messe. In Gedanken schon ganz bei der Liturgie lässt er sich auf seinem Weg gern einmal ablenken (GA II, S. 482ff.):

Jetzt kommt die Ecke. Immer schlimmer
Weht hier der Wind. – Ein Frauenzimmer,
Obschon von Wuchse schön und kräftig,
Ist sehr bewegt und flattert heftig,
So dass man wohl bemerken kann ---
O Joseph, was geht dich das an?
Ja, siehst du wohl, das war nicht gut!
Jetzt nimmt der Wind dir deinen Hut!

11: „Der Zylinder"; aus: „Dideldum". (GA II, S. 482)

Im weiteren Verlauf der Episode versucht Joseph den davonfliegenden Zylinder wieder zu erhaschen und stolpert von einem Missgeschick ins andere, bis er den Gottesdienst auf sich beruhen lassen muss, um völlig derangiert den vorzeitigen Heimweg anzutreten. – Die momentane Unachtsamkeit, die hier mit Sicherheit vom Unterbewusstsein gesteuert ist, wird mit dem Verlust des Hutes bestraft. Was sich anschließt, ist nur noch dichterische Ausschmückung.

Viel ist über den berühmten Treppensturz der „Frommen Helene" gerätselt und gestritten worden. Das heranwachsende Mädchen beobachtet ihren Vetter, der zu Besuch ist, durch das Schlüsselloch bei der Morgentoilette und bekommt zu sehen, was Busch seinen Lesern vorenthält. Schließlich wendet sich der junge Mann fertig gekleidet zur Tür, was Helene zu eiliger Flucht veranlassen muss. In der Eile stößt sie sich an einer im Flur stehenden Gießkanne, stolpert und rutscht die Treppe hinab. Die Szenerie endet in einem unbeschreiblichen Chaos.

12: *Aus: „Die fromme Helene".* (GA II, 221)

Helene, so heißt es im Schrifttum über Busch, sei hier von der ausgleichenden Gerechtigkeit ereilt worden. Und an anderer Stelle wird gesagt, dass diese Katastrophe nötig sei, „um uns zu zeigen, wie unpassend Helenchens Benehmen ist, ... und wie sich dieses bestraft."[41] Es hätte besser heißen sollen: „Wie sich Helene *selbst* bestraft. Die Bestrafung für unerlaubtes Tun, für die Übertretung eines Tabus, geht von der „Sünderin" selbst aus. „Selbstbeschädigung als Selbstbestrafung", wie Freud hierzu festgestellt hätte.

Die Welt der Objekte

Niemand, der sich mit den Bildergeschichten Buschs beschäftigt, kommt an der Frage vorbei, warum sich dort immer und immer wieder Katastrophen ereignen, an denen meistens irgendwelche Gegenstände beteiligt sind, die oft genug auch noch zerstört werden. Die alltägliche Dingwelt seines Umfeldes stattet Busch auch da mit Konfliktstoff aus, wo ihr höchstens Harmlosigkeit innewohnt. So liest man in einem Brief, den Busch am 6.1.1886 an Eduard Daelen richtet: „Da steht z.B. eine Windmühle, oder ein braver Onkel, oder eine freundliche Tante, oder ein heißer Ofen, oder eine Tobackspfeife, oder ein Knabe, der Vieles vorhat, und ein wahrhaft tugendsamer Mensch wär´s, der nicht jeden dieser an sich harmlosen *Stoffe* als neue *Quelle* der allerpeinlichsten Conflickte zu benutzen wüsste." (641)

Das zeigt doch, mit welchen Schwierigkeiten der Autor seine dingliche Umwelt wahrnahm. Wenn er sein Umfeld als harmlos bezeichnet und dennoch voller Konflikte sieht, wird man diese Konflikte weniger in den Dingen suchen müssen, als im Autor selbst. Es lassen sich sonst genügend Menschen finden, denen weder brave Verwandte noch heiße Öfen oder Tabakspfeifen irgendwelche Zerwürfnisse schaffen. Die Tiefenpsychologie untersucht seit Langem derartige Einstellungen und spricht in solchen Fällen von „gestörtem Objektverhältnis". Die Ursachen liegen meist in der frühen Kindheit:

In den ersten Monaten seines Lebens kann ein Mensch sein Selbst noch nicht von dem, was eigentlich Objekt ist (hier die Mutter oder die Mutterbrust), unterscheiden. Es ist die Phase eines symbiotischen Verhältnisses zwischen Kind und (stillender) Mutter. Aus dieser Phase muss das Kind langsam in die der Ich-Autonomie hineinwachsen. Es muss u.a. lernen, bestimmte, es umgebende, Dinge als von sich gelöste, – als *Objekte* zu erkennen. Damit entsteht zugleich auch eine Angst, über das jeweilige Objekt nicht nach Belieben verfügen zu können, – so z.B. über das eigentliche „Urobjekt", die Mutterbrust, was mit Unlust registriert wird. Sie kann dann das Attribut „böse" bekommen und den Aggressionstrieb und sogar den Zerstörungswillen wecken. [42]

Dieser Vorgang des „Objektverlustes" lebt fort im Spiel des Kleinkindes, das das Fortgehen der Mutter nun nicht mehr nur passivisch erleben will. Es wird sichtbar, wenn es z.B. sein Spielzeug, eine Puppe oder ein Stofftier, aus seinem Bett wirft und erwartet, dass irgendjemand ihm diesen Gegenstand zurückbringt, worauf sich dieser Vorgang dann wiederholt usw. Das Kind will so das Fortgehen der Mutter und ihr Wiederkehren jetzt in die eigene Regie nehmen und damit aktiv gestalten. [43]

Später wird es z.B. auch eine Zeit lang mit seinen Spielsachen spielen und plötzlich wieder zu der in der Nähe befindlichen Mutter fliehen. Nach kurzer Zeit wird es sich wieder seinen Spielsachen zuwenden. Hier sind zwei unterschiedliche Kräfte wirksam: Eine, die das Kind aus der Abhängigkeit herausdrängen, und eine andere, die es wieder in die Abhängigkeit zurückbringen möchte. [44]

Je stärker das Ich-Interesse im Kind wird, desto mehr zieht es einen Teil seines Liebesverlangens (die Libido) von den anfangs noch als beseelt gedachten Objekten ab: „Der 'böse' Tisch, an dem man sich stößt". [45] Die Psychoanalyse nennt diesen Prozess den „Übergang zum Realitätsprinzip". Es handelt sich dabei um eine der schwierigsten Stufen der kindlichen Entwicklung, bei der es schwerwiegende Fehlentwicklungen geben kann. Erweist sich das Objekt, also z.B. die Mutterbrust, als unverlässlich, weil sie nicht, wie erwünscht, immer zur Verfügung steht, entstehen schon im frühen kindlichen Stadium Aggressionstendenzen und Zerstörungswünsche. Das Subjekt kann sich nicht lösen vom begehrten Objekt und versucht, es im Geiste zu zerstören, um endlich von ihm loszukommen. „Wenn ich es nicht bekommen kann, soll es auch kein anderer haben!" [46]

Diese Ambivalenz kennzeichnet eine bestimmte Entwicklungsstörung, die dann eintreten kann, wenn eine „Objektkonstanz" nicht erreicht wird, wenn also die Erwartung des Subjekts (Kleinkind) an das Objekt (Mutter) nicht erfüllt wird. Zerstörung und Wiederherstellung eines Objekts wechseln sich in der Psyche des Gestörten ab. Das kann dazu führen, dass es lebenslang Objekte nicht mehr „normal" begreifen, – normal „besetzen" kann.

Bei so gestörten Kindern lässt sich feststellen, dass ihr Mutterbild auch dann noch positiv, ja schön genannt werden kann, wenn sich das Kind mehr und mehr von der Mutter abgewandt hatte. Die Mutter wird als „Bild" empfunden, nicht als Realität. Das Objekt erscheint nicht als das, was es ist.

Eine Übertragung dieser Einsicht auf Leben und Werk Wilhelm Buschs scheint nicht ausgeschlossen, – ja die Übereinstimmungen zum eben Gesagten sind geradezu auffallend. Das oben zitierte Gedicht, das Busch seiner Mutter zwei Jahre nach ihrem Tod gewidmet hat, zeigt diese Problematik deutlich, wenn es am Schluss heißt:

Dein treues Bild, was ich auch tu,
Es winkt mir ab, es winkt mir zu.
Und scheint mein Wort dir gar zu kühn,
Nicht gut mein Tun,
Du hast mir einst so oft verziehn,
Verzeih auch nun.

Das Gedicht benutzt ausdrücklich das Wort „Bild". „Dein treues Bild, was ich auch tu, / Es winkt mir ab, es winkt mir zu..." Diese Formulierung beschreibt die Ambivalenz, die für Buschs Verhältnis zur Mutter typisch ist: Erst innere Entfernung, dann Zuwendung! – In seiner autobiografischen Schrift „Von mir über mich" heißt es: „ Kein Ding sieht so aus, wie es ist. Am wenigsten der Mensch..." (GA IV, S. 205) Auch dieser Wortlaut beschreibt das Spannungsverhältnis zwischen „Bild" und „Realität".

Vielleicht erklärt sich hieraus auch, warum Busch seine Gegenstände in den Bildergeschichten immer wieder Zerstörungen erdulden lässt. Gegenstände sind nicht das, – erscheinen nicht als das, was sie sind. Es stecken Geheimnisse in ihnen, die es zu lüften gilt. Busch äußerte einmal: „Jed Ding, und wär's ein irdener Topf, besitzt eine Art von schlauer Verborgenheit, die nur durch Fleiß, List, Talent überwunden wird. Ich denke an A.Brouwer und Teniers. Es ist schwer, der Natur hinter die Schliche zu kommen." (SW, 7.Bd., S. 438)

Buschs Verhältnis zu den Objekten grenzt ohne Zweifel ans Pathologische. Es weist das ambivalente Verhalten auf, welches für das unvollkommene Sich-Lösen spricht: Einerseits ein intensives, liebevolles Eingehen auf die Dingwelt, andrerseits ein Sich-Ergehen in der Zerstörung, das gleichermaßen Lust und Schmerz spüren lässt.

Diese Ambivalenz findet sich bei Busch unübersehbar in seiner Einstellung zu häuslichen Gebrauchsgegenständen, wie sie tönerne Töpfe verkörpern: „Töpfe sind auch Kunstgeschöpfe" formulierte er in seinen „Sprickern".(GA IV, S. 545) So kann er brieflich auch von einem Museumsbesuch in Amsterdam berichten, er habe dort auf den Gemälden flämisch-niederländischer Meister ungemein „geestige" [holländischesWort] Töpfe gesehen. (261) Im malerischen Werk tauchen sie zahlreich auf, und stets sind sie zerbrochen. Sein Werkkatalog verzeichnet davon ein halbes Dutzend, und auch das Verzeichnis seiner Handzeichnungen kennt den zerbrochenen Krug [47].

In seinen Bildergeschichten spielt dieses Motiv immer wieder eine wesentliche Rolle: In „Herr und Frau Knopp", als der Hausherr nachts nach Hause kommt (GA III, S. 122f.), in „Fipps, der Affe", wo gleich eine ganze Kiepe voller Töpfe zerbrechen muss (GA III, S. 351), oder in den „Bildern zur Jobsiade", in der Busch das Opus Kortüms nacherzählt. Hier ist der zerbrochene Kaffeetopf sogar eine eigenmächtige Hinzufügung Buschs, denn im Original ist diese Episode gar nicht vorhanden.

Auch in der späten Gedichtsammlung „Schein und Sein" („So war's") heißt es noch: "Der Teetopf war so wunderschön, / Sie liebt ihn wie ihr Leben. / Sie hat ihm leider aus Versehn / Den Todesstoß gegeben. // Was sie für

Kummer da empfand, / Nie wird sie es vergessen. / Sie hielt die Scherben aneinand / Und sprach: So hat's gesessen!" (GA IV, S. 403)

Ohne Zerstörung scheint es keinen Neuanfang zu geben. „Fipps der Affe" führt in der gut situierten Familie Fink ein geradezu fürstliches Leben, wo es ihm an nichts fehlt. Irgendwann wird ihm dieses Leben aber zu trist, er entweicht am frühen Morgen durch ein Fenster unter Hinterlassung eines total zerstörten Frühstückstisches: „Kessel, Trichter, Tassen, Töpfe,/ Löffel, Gläser, Eiernäpfe, / Butter, Honig, Milch, Zigarren..." usw. Fipps sucht ein Leben, das ihm als „Wildtier" angemessener ist. Die Flucht wäre auch weniger spektakulär möglich gewesen, aber hier ist die Zerstörung vonnöten, um einen Akzent für den Neuanfang zu setzen.

13: Aus: „Fipps, der Affe". (GA III., S.349)

Ähnlich präsentiert sich der Abschied des Lehrlings Klecksel, als er seinen ungeliebten Meister Quast verlässt. Er türmt des Nachts eine stattliche Pyramide aus Töpfen, Gläsern und Gestühl auf, die von seinem Lehrherrn dann mit großem Krachen umgestürzt wird. Kuno Klecksel ist bereits auf der Landstraße. (→Abb. 7). Man muss Vergangenes nicht nur hinter sich lassen, sondern muss auch zerstören, was einen am Neuanfang hindern könnte.

Hans Ries hat in seiner „Historisch-kritischen Ausgabe" (Bd. I., Sp.1247) darauf hingewiesen, dass Busch – ähnlich Hans Christian Andersen – tote Gegenstände gelegentlich beseelt. Man denke an „Krischan mit der Piepe" (GA I, S. 316ff.), wo das gesamte Mobiliar einen wahren Hexentanz um den kleinen Krischan aufführt; an den „Sack und die Mäuse" (S. 370ff.) oder an „Die ängstliche Nacht" aus der Sammlung „Die Haarbeutel" (GA III, S. 263ff.), wo der (allerdings nicht ganz nüchterne) Herr des Hauses einen langen und verzweifelten Kampf gegen die Utensilien seines Zimmers führen muss, bis er endlich schlafen kann. Der Kampf mit den Objekten, – ein sprechendes Bild! Das Objekt zerstören, um hinter seine Geheimnisse zu kommen; der Kampf gegen die Objekte, die selber zerstörerisch erscheinen.

Später findet Busch eine „geläuterte" Art, sich mit der Objektwelt auseinanderzusetzen. In seiner Erzählung „Eduards Traum" (1891) segelt die Titelfigur als Punkt über Landschaften, Menschen und Gegenstände und vermeidet jede Berührung mit ihnen. „Flugphantasien" überfallen offenbar den, der sich auf die Objektwelt gar nicht mehr einlassen möchte.

Sexualität

Zu Lebzeiten Buschs war der Bereich der Sexualität in viel stärkerer Weise tabuisiert als heute. Dazu gibt es Äußerungen Buschs, die offene Kritik an gesellschaftlich „verhängten" Tabus erkennen lassen. An eine Briefpartnerin schrieb er: „Die Grausamkeit [gegen die Tiere] soll sich wenigstens *schämen*, wie – die Liebe? – Hm!" Und ein anderes Mal: „Warum schämt sich die Liebe?" (262, 282). – In seiner „Kritik des Herzens" (GA II, S. 510) findet sich dieses Gedicht:

Was soll ich nur von eurer Liebe glauben?
Was kriecht ihr immer so in dunkle Lauben?
Wozu das ew´ge Flüstern und Gemunkel?
Das scheinen höchst verdächtige Geschichten,
Und selbst die besten ehelichen Pflichten,
Von allem Tun die schönste Tätigkeit,
In Tempeln von des Priesters Hand geweiht,
Ihr hüllt sie in ein schuldbewusstes Dunkel.

Busch ist um dieses Thema nicht herum gegangen. Er zeigt sich oft als neutraler Erzähler und berührt dabei auch heikle Motive. In der „Frommen Helene" sind sie verschiedentlich zu finden. Im 3. Kapitel, wo das heranwachsende Mädchen ihren Vetter durchs Schlüsselloch bei der Morgenwäsche beobachtet, sieht sie natürlich Dinge, die man normalerweise nicht zu sehen bekommt. – Später sehen wir ins Schlafzimmer der Jungverheirateten, was an dieser Stelle allerdings ganz unbedenklich ist, als es eben nichts zu zeigen gibt. – Schließlich beweist die Geburt der Zwillinge, wie handfest die frühe Sympathie zwischen Helene und ihrem Vetter inzwischen geworden ist.

Hier handelt es sich noch um Dinge, in denen Busch nicht persönlich betroffen ist. Dagegen zeigen viele Briefe an Frauen, die seine Sympathie (offen oder heimlich) trugen, wie ungeschickt er mit seinem Engagement umging. Versteckte Anspielungen oder gar plumpe Redewendungen zeugen von seinen inneren Schwierigkeiten. (269, 274)

Geradezu peinlich zu vermerken, wenn er seine kleine Bildergeschichte „Die Verwandlung" der von ihm unglücklich geliebten Frankfurter Freundin Johanna Kessler mit den Worten widmete: „Die moderne Circe." Ein naschhafter Knabe wird des Hauses verwiesen und fällt auf die Verlockung einer Hexe herein, die ihn in ein kleines Quiekeschwein verwandelt. Eine unpassende und wenig geschmackvolle Anspielung.

Bildhaft aber ohne Umschweife formuliert Busch in der „Kritik des Herzens" (GA II, S. 519):

> Wärst du ein Bächlein, ich ein Bach,
> So eilt ich dir geschwinde nach,
> Und wenn ich dich gefunden hätt′
> In deinem Blumenuferbett:
> Wie wollt ich mich in dich ergießen
> Und ganz mit dir zusammenfließen,
> Du vielgeliebtes Mädchen du!
> Dann strömten wir bei Nacht und Tage
> Vereint in süßem Wellenschlage
> Dem Meere zu."

Busch war kein Frauenfeind. Er hat jede dahingehende Vermutung zurückgewiesen. In einem Gelegenheits-Zweizeiler reimte er: „Stets trank er lieber Wein als Wasser / Und war auch nie ein Weiberhasser." (GA IV, S. 533) Dennoch ist von längeren oder kürzeren Liebesbeziehungen nichts bekannt. Über seine Ehelosigkeit erzählte er als 65jähriger einem Besucher, der ihn wohl nach Gründen für sein Alleinleben gefragt hatte: „Auch dem allerbesten Freund hätte Brahms… nicht gesagt, warum ihm das Glück versagt geblieben ist."[48]

Die psychischen Belastungen, mit denen Busch nicht fertig werden konnte, lassen sich auch nur andeutungsweise benennen: Es gibt in seinen Märchenerzählungen ein mehrfach wiederkehrendes Motiv, wo der Held der Handlung die Möglichkeit zu einer glücklichen Verbindung hat und diese am Ende doch verwirft. In den „Stippstörchen" zeigt die Geschichte um „Hänschen Däumeling" ein solches, fast unverständliches, Verhalten. Hänschen stürzt in einen See, aus dem ihn eine zauberhafte kleine Fee rettet und ihm gleich einen Liebesantrag macht: „Sofort erscheint die kleine Sylphe / Zephire, Königin im Schilfe, / Reicht ihm die Hand und lispelt fein: / `Sprich, Prinz, willst du mein Liebster sein?` / `Schön Dank!`– spricht er – `o Königin! / Ich muss zu meinen Eltern hin!`" (GA III, S. 388)

Man begegnet diesem Motiv in Buschs Werken mehrfach: So in einem von Busch selbst aufgezeichneten Märchen „Die zwei Brüder", wo der Held eine Prinzessin erlöst. Diese möchte ihn gleich zu ihrem Vater mitnehmen, doch der Held lehnt ab: „Erst muss ich noch weiter in die Welt hinein, bis über ein Jahr, da will ich wiederkommen". (SW. VIII, S. 80f.) – In einem anderen Märchen aus dieser Sammlung („Der Königssohn Johannes", dito, S. 64) kehrt ein Prinz mit einem jungen Mädchen heim, das er unterwegs kennen gelernt hat. Am Zielort ankommend sagt er: „Es möchte meinen Eltern nicht recht sein, wenn ich dich so ohne weiteres mitbrächte; darum will ich erst mal allein zu ihnen gehen."

Zumindest beim „Hänschen Däumeling" ist dieser Schluss nachweislich eine Hinzufügung Buschs an das bekannte Märchen.

Derartig sonderbares Abwehrverhalten findet sich auch in „Eduards Traum" (GA IV, S. 165), im „Schmetterling" (GA IV, S. 262) oder im „Maler Klecksel" (GA IV, S. 134) – In den „Abenteuern eines Junggesellen" schildert Busch, wie sich Knopp, die Titelfigur, die Chance seines Lebens durch eine Ungeschicklichkeit selbst zerstört und die Szene fluchtartig verlassen muss (GA III, S. 72ff.). Ein Verhalten, als deren geheime Ursache wohl nur eine starke Bindungsangst angenommen werden kann.

Oder ist es eine andere Art der Angst? „Es möchte meinen Eltern nicht recht sein…" – eine beinahe rührende Verneigung vor der anscheinend übermächtigen elterlichen Instanz! Ist Wilhelm Busch hier vielleicht mehr als nur der Erzähler? Wer waren denn seine Eltern?

Die Eltern

Über die Eltern Wilhelm Buschs wissen wir kaum mehr, als was er selbst geschrieben oder erzählt hat. Den Vater schildert er in seiner autobiografischen Schrift „Was mich betrifft" als „klein, kraus, rührig, mäßig und gewissenhaft; stets besorgt, nie zärtlich; zum Spaß geneigt, aber ernst gegen Dummheiten." Die Mutter „still, fleißig, fromm, pflegte nach dem Abendessen zu lesen. Beide lebten einträchtig..." (GA IV, S. 147) – keine sehr aussagekräftigen Notizen!

Erhalten sind einige Papiere der Eltern, die eine graphologische Deutung erfahren haben. Danach könnte der Vater ein Frauenhasser gewesen sein (er war unehelicher Geburt), und hätte sich wohl in der Familie als Tyrann aufgeführt, da er gewohnt war, Liebesbezeugungen zu unterdrücken. – Die Mutter müsse in ihrer Rolle als Hausfrau mit den zahlreichen Kindern überfordert gewesen sein; Ruhe und Sicherheit habe sie ihrem Sohn Wilhelm nicht vermitteln können. Seine Kinderhandschrift verriete das Verlangen nach Zuwendung, darüber hinaus Mangel an Kontaktfähigkeit und angestaute Aggressivität. [49]

Das lässt unter Umständen auf eine defekte Beziehung zwischen Mutter und Kind schließen. Ob diese von vornherein fehlte oder erst durch die Geburt weiterer Geschwister gelockert wurde, lässt sich natürlich kaum noch belegen. Immerhin wurde Wilhelm im Alter von neun Jahren, als das Elternhaus in Wiedensahl zu klein wurde, zu einem Verwandten nach Ebergötzen bei Göttingen gegeben. Als der Knabe nach drei Jahren zum ersten Mal wieder zu Besuch in seinen Heimatort kam, begegnete er seiner Mutter dort auf dem Felde; aber sie ging an ihrem Sohn vorbei und erkannte ihn nicht. [50]

An dieser Trennung, über die Busch schreibt, sie sei „nicht ohne Wehmut" vonstatten gegangen, hat er stärker getragen, als er seinen Lesern mitteilen möchte: „Heimweh – das sind solch eigentümliche Halsschmerzen; ich hab sie in Ebergötzen gehabt, als ich in frühesten Kinderjahren von Hause fortkam..." [51] Die unpersönliche Formulierung: „als... ich... fortkam" klingt, als wolle der Autor vermeiden, den Grund dieses „Fortkommens" zu benennen: vielleicht empfand er diese Entfernung damals schon als Bestrafung, – wofür immer.

Bekanntlich ist die frühe Trennung eines Kindes von seiner Mutter eine Ursache für eine ganze Anzahl von psychischen Krankheitsmerkmalen, die von der Wissenschaft seit Langem untersucht werden.

Dass die Eltern den Jungen nach Ebergötzen gaben, geschah mit Sicherheit zu seinem Besten; dass die Mutter ihren Sohn auf dem Feld nicht wieder erkannte, mag Zufall gewesen sein. Aber beides wird das Selbstvertrauen des Sohnes und sein Verhältnis zur Mutter erheblich erschüttert haben. Das Bild der Mutter in seinem Werk rückt in weite Ferne, es erhält etwas Verschwommenes, – Ungreifbares. Das Konterfei seiner eigenen Mutter brachte er nur ein einziges Mal aufs Papier. Die Zeichnung stellt die Mutter in *Rückansicht* auf einem Stuhl sitzend dar, einen Säugling in den Schlaf wiegend. [52]

In seinen Bildergeschichten vermeidet Busch ganz allgemein die Darstellung eines mütterlichen Antlitzes. In „Hänsel und Gretel", wo die Mutter eine wichtige Rolle spielt, erscheinen anfangs und am Schluss nur ihre Hände. – In „Herr und Frau Knopp" erscheint das Gesicht der Ehefrau, als sie ihrem Mann das „süße Geheimnis" zuflüstert, undeutlich und verwischt. (GA III, S. 138) – Im „Julchen" hat Busch eine Zeichnung mit der Mutter, die stolz ihr Kind vorzeigt, zum Schluss noch durch eine andere Abbildung ersetzt. (HkGA II, Sp. 776, 1693). „Die auffallende Gesichtslosigkeit der Mutter entspricht Buschs genereller Scheu, in seinen Bildergeschichten die ihm sakrosankte Muttergestalt einzubeziehen." [53] Das Mutter-Bild scheint entrückt und im Wortsinn unangreifbar geworden; es ist „idealisiert".

Der Vorgang einer Idealisierung kann eintreten, wenn sich ein Kind in frühen Jahren von der Mutter nicht ausreichend angenommen und verstanden fühlt, wenn es die Mutter, aus welchen Gründen immer, innerlich nicht erreicht und sich allein gelassen fühlt. Wenn sich ein Kind einer solchen Situation ausgesetzt sieht, können psychische Schäden eintreten, z.B. Verletzungen des Ichgefühls, die nur schwer heilen. So werden im Falle des Knaben Wilhelm die Trennung vom Elternhaus und die Reaktion der Mutter nach dessen Heimkehr diesen Defekt zumindest verstärkt haben.

Ein Kind besetzt normalerweise in seiner Frühzeit in erster Linie die Mutter mit den Gefühlen seiner Liebe. Bleibt sie – nach Einschätzung des Kindes – unbeantwortet, zieht es seine Gefühle von der geliebten Person ab und richtet sie gegen sich selbst, – ein Defekt, der unter dem Namen „Narzissmus" bekannt ist. Später kann es dann dazu kommen, dass dieser Mensch sich mehr und mehr in sich selbst zurückzieht und die Fähigkeit verliert, Kontakte zu schließen, – „Objekte zu besetzen". [54]

Das gilt gemeinhin für den Fall, dass ein Kind *früh* seine Mutter verliert oder wenn es von ihr getrennt wird. Nun ist der Knabe Wilhelm aber erst als Neunjähriger aus dem Elternhaus gegeben worden. Indessen ist auch bei älteren Kindern verstärkte Anfälligkeit gegen seelische Beanspruchungen dieser Art festgestellt worden, – in jedem Fall dann, wenn mit der Mutter vorher entsprechend negative Erfahrungen gemacht wurden.

Die Idealisierung der Mutter, also die Erhebung des Mutterbildes in eine höhere Sphäre [55] (die mutterähnliche Marien-Erscheinung im „Heiligen Antonius"!), stellt eine Art „abstrakter Bindung" dar, die es dem Kind schwerer macht, „konkretere" in seinem Leben einzugehen. Im Falle Wilhelm Buschs hieße das: Andere Frauen könnten das Idealbild der Mutter zerstören. Die Verwandlung der Nonne Laurentia in den Teufel im „Heiligen Antonius", gleichermaßen die der Ballett-Tänzerin am Schluss der Bildergeschichte, könnten Verkörperung solcher Gefahren für das Bild der unberührbaren Mutter darstellen. Es sei auf das oben zitierte Gedicht „O du, die mir die Liebste war…" verwiesen, das Busch mit 42 Jahren veröffentlichte. [56]

Die Formulierung „Es winkt mir ab, es winkt mir zu" deutet mindestens auf ein gespaltenes Mutterbild hin. Es zeigt einerseits gute, bestätigende Anteile, andrerseits böse und zurückweisende. In der kleinen Bildergeschichte „Hänsel und Gretel" wird der Gedanke an die „böse Mutter" aufgenommen und dramatisch durchgespielt. Außer dem Titel hat dieses Werkchen mit dem bekannten grimmschen Märchen kaum etwas gemein. Der Autor will hier offensichtlich anderes erzählen:

Am Beginn steht die Mahnung einer Mutter an ihre beiden Kinder, nicht in den Wald zu gehen. Von ihr ist nicht mehr zu sehen, als der drohend erhobene Arm. Die Kinder setzen sich über das Verbot hinweg und geraten in Lebensgefahr, aus der sie sich aber selbst befreien können. Siegreich kehren sie nach Haus zurück und erwarten eigentlich freudigen Empfang. Stattdessen erfahren sie das Gegenteil: „Die Mutter schaut schon aus dem Haus; / Sie winkt und lässt die Rute sehn: / Na, gute Nacht! Da dank ich schön!" Von der Mutter sind auch hier nur wieder die Arme zu sehen.

Dieser Schluss überrascht doch etwas. Vergegenwärtigt man sich aber, welche Hemmungen Busch hatte, seine Mutter bildlich wiederzugeben, und weiter, mit welchen traumatischen Vorstellungen die Prügel als Strafe für ihn verbunden war („… wenn schon öfter verdient…"), liegt der Verdacht nahe, der Autor erzähle hier wahrlich keine Märchen, sondern entledige sich einer inneren Belastung. Die drohende und eventuell strafende Mutter ist *real*. Der liebenden Mutter, die einem „zuwinkt" und vielleicht sogar verzeiht, kann man sich nicht sicher sein; es ist ein beständiger Kampf gegen das Gefühl von Liebesverlust; es ist kein Verlass auf das verinnerlichte Objekt! Möglich, dass der Knabe Wilhelm früh schon seine Mutter bedrängt hat, Liebe oder Zärtlichkeit erhoffend, und Zurückweisung erfuhr. Elterlicherseits vielleicht ein Grund mit, ihn wegzugeben?

Die Angst vor Liebesverlust muss den neunjährigen Knaben Wilhelm ge-packt haben, als er aus dem Elternhaus gegeben wurde. So eine Katastrophe läuft nicht ab ohne eigene Schuldzuweisung und dem Vorsatz: „Ich will die Mutter (den Vater) versöhnen, damit ich ihre Zuwendung, ihre Liebe wiederbekomme. Wenn ich etwas falsch gemacht habe, muss ich es wieder-gutmachen." Möglich, dass Busch im späteren Leben auch den endgültigen Abschied vom Elternhaus, als er nämlich eigene Wege gehen wollte, mit solchen Schuldgefühlen ausstattete: „Bin ich vielleicht auf dem falschen Weg? Dann muss ich zurück!" Auf der anderen Seite ist auch der Gedanke nahe liegend: „Lieber gehe ich selbst, als dass ich mich noch einmal weg-schicken lasse."

14: Aus: „Das brave Lenchen", in: „Stippstörchen". (GA III, S. 363ff.)

1880 schuf er die kleine Märchengeschichte „Das brave Lenchen" in der Sammlung „Stippstörchen" (GA III, S. 363), deren Beurteilung in der Fachliteratur durchweg negativ ausfällt. So heißt es z.B.: Stilistisch trivial und in der Dramatik inkonsequent, nicht wie üblich ironisch-satirisch, sondern ernst gemeint, und darum ziemlich indiskutabel. [57]

Ein halbwüchsiges Mädchen macht sich auf den Weg, um seiner schwerkranken Mutter Hilfe zu besorgen. Unterwegs hat es mancherlei Abenteuer zu bestehen, bis es eine „Wunderblume" findet, mit der die Mutter schließlich geheilt wird.

Ein harmloses Märchen scheinbar. Aber gerade der ungewöhnliche Ernst der Fabel und die Trivialität der Sprache, die diese Geschichte aus dem pointiert-witzigen Stil der sonstigen Bildergeschichten herausheben, geben doch zu denken. Es fallen Symbole auf, deren Deutung dieser Geschichte einen tieferen Sinn geben könnte. Das Lenchen kehrt, nachdem es die Wunderblume in die Hand bekommen hat, über eine Brücke zurück, die es vorher überschritten hatte. Jetzt kann die Mutter geheilt werden.

In der älteren Malerei gebräuchlich und als Symbol bekannt, ist das Motiv der Rückkehr beim Überschreiten einer Brücke, mit dem die Verletzung einer Tabugrenze „rückgängig" gemacht werden soll. [58] Busch, der sich in der Symbolik der bildenden Kunst auskannte, wie ein Brief aus dem Jahr 1889 zeigt (1654), hat dieses Zeichen, wie oben schon dargestellt, in seinen „Abenteuern eines Junggesellen" verwendet, als Knopp nach seinem missglückten Auftritt auf einer Kirmes einen Brückensteg nach links (→ Abb. 5) überschreitet.

Die Blume, mit der das Lenchen seine Mutter heilt, wird in der Literatur allgemein als „Wunderblume" bezeichnet, wie sie ganz ähnlich in der kleinen Bildergeschichte „Die Verwandlung" auftritt. Es scheint bisher niemand aufgefallen zu sein, dass das Lenchen aber eindeutig eine Lilie mit nach Haus bringt, auch wenn Busch sie „Herztulipan" nennt. Die Lilie ist seit alter

Zeit in der Malerei der Mutter Gottes beigegeben und symbolisiert deren Reinheit und Jungfräulichkeit. Damit gerät die kleine Bildergeschichte in eine völlig neue Sphäre.

Der Gedanke, es könnten alle diese Symbole auch die inneren Auseinandersetzungen andeuten, mit denen Wilhelm Busch umging, ist dann nicht völlig von der Hand zu weisen: Irrweg und schuldbewusste Rückkehr zum Elternhaus, um die Mutter zu versöhnen; die Lilie als Symbol der Reinheit als ein Hinweis auf ein (selbst erteiltes?) Sexual-Tabu?!

Dass derartige Tabus im Leben des Wilhelm Busch eine Rolle spielten, lässt sich zumindest wahrscheinlich machen. So finden sich Indizien dafür in seiner Prosaschrift „Der Schmetterling". Hier hat Busch, wie allgemein angenommen, bevorzugt autobiographisch gearbeitet: Peter, die Titelfigur, ist auf der Jagd nach einem flüchtigen Schmetterling und fällt auf seiner Verfolgung zwei Hexen in die Hände, deren eine – eine alte – ihn in einen Hund verwandelt, während die andere – eine junge und hübsche – ihn sich unterwirft und fortgesetzt demütigt. „Mein Gefühl für dieses Teufelsmädchen war nicht mehr Liebe, sondern einfach hundsmäßige Unterwürfigkeit. Ich kroch ihr zu Füßen... Meine Behandlung, obgleich ich mich der äußersten Demut befliss und meine schöne Tyrannin beständig im Auge hatte, wurde nicht besser... Endlich... brannte ich durch." (GA IV, S. 247, 250)

Peter gerät nun an einen Milchmann, der ihn nach Außen etwas abschirmt: „So war ich allerdings einerseits wohl geschützt gegen alle Versuchungen und Anfechtungen der Außenwelt, ... andrerseits trat nun wieder das Bildnis der zuerst verlassenen Herrin, so bös sie auch war, vor die untertänigst ergebene Sklavenseele." (S. 251) Peter sucht wieder die junge Hexe auf, die ihn erneut misshandelt und ihm schließlich mit einer glühenden Zange den Hundeschwanz abkneift.

Die masochistischen Anteile an derartigen Phantasien sind unübersehbar. Sigmund Freud hat sie ausführlich beschrieben. Ihr manifester Inhalt ist das Verlangen, „geknebelt, gebunden, in schmerzhafter Weise geschlagen, gepeitscht, irgendwie misshandelt, zum unbedingten Gehorsam gezwungen, beschmutzt, erniedrigt zu werden." Und: „ ... dass der Masochist wie ein kleines, hilfloses und abhängiges Kind behandelt werden will, besonders aber wie ein schlimmes Kind." Diese Phantasien können die „ Person in eine für die Weiblichkeit charakteristische Situation versetzen, also Kastriertwerden... bedeuten." Eine Beschreibung, die verblüffend genau auf den Text aus dem „Schmetterling" passt.

Die sich anschließende Analyse Freuds fördert sodann folgende Einsichten zu Tage: „Im manifesten Inhalt der masochistischen Phantasien kommt auch ein Schuldgefühl zum Ausdruck, indem angenommen wird, dass die betreffende Person etwas verbrochen habe..., was durch alle die schmerzhaften und quälerischen Prozeduren geführt werden soll..., es steckt aber die Beziehung zur infantilen Masturbation dahinter."[59] Auch hierfür finden sich im Werk Wilhelm Buschs – freilich etwas versteckt – Bestätigungen, wie im Gedicht „Der Geist" in der Sammlung „Zu guter Letzt" (GA IV, S. 320f.):

Es war ein Mägdlein froh und keck
Stets lacht ihr Rosenmund,
Ihr schien die Liebe Lebenszweck
Und alles andre Schund.

Sie denkt an nichts als an Pläsier,
Seitdem die Mutter tot,
Sie lacht und liebt, obgleich es ihr
Der Vater oft verbot.

Einst hat sie frech und unbedacht
Den Schatz, der ihr gefällt,
Sich für die Zeit um Mitternacht
Zum Kirchhof hinbestellt.

Und als sie kam zum Stelldichein,
O hört, was sich begab,
Da stand ein Geist im Mondenschein
Auf ihrer Mutter Grab.

Er steht so starr, er steht so stumm,
Er blickt so kummervoll.
Das Mägdlein dreht sich schaudernd um
Und rennt nach Haus wie toll.

Es wird, wer einen Geist gesehn,
Nie mehr des Lebens froh,
Er fühlt, es ist um ihn geschehn.
Dem Mägdlein ging es so.

Sie welkt dahin, sie will und mag
Nicht mehr zu Spiel und Tanz.
Man flocht ihr um Johannistag
Bereits den Totenkranz.

Das ist gewiss nicht nur eine billige Moral, um den Liebesdurst eines munteren Mädchens zu brandmarken. Das wäre für Busch nicht typisch. Mit Sicherheit aber steckt dahinter ein für Busch selbst höchst problematischer Umstand: Nicht unbedingt ein Verbot der Eltern, das sich auf ein normal ausgelebtes oder noch auszulebendes Liebesleben hätte beziehen sollen. Die Mutter in ihrer Funktion ist doch eher vorstellbar in Verbindung mit einem *frühkindlichen* Tabu, z.B. mit einem Verbot zu einer Zeit, als ein normales Liebesleben noch gar nicht in Frage kam.

Die Formulierung „sie welkt dahin..." lässt nun deutlich an einen Sachverhalt denken, der sich nach Meinung gerade des 19. Jahrhunderts unweigerlich mit der männlichen Masturbation verband: Rückenmarkschwund, Lähmung, Austrocknung des Gehirns und frühe Hinfälligkeit.[60] Eine

Vorstellung, die in der damals herrschenden Medizin vertreten wurde und die von den rigiden Erziehungsmethoden dieser Zeit nur allzu bereitwillig übernommen wurde. Jede in diese Richtung gehende Tätigkeit musste unter Hinweis auf die „verheerenden" Folgen verboten werden.

In der „Frommen Helene" bedient sich Busch eines Stilmittels, das einen tabuisierten Bereich verdecken soll: Das Unerlaubte wird zunächst in die Gestalt von Streichen gekleidet, denen, nach Entdeckung der Schuldigen, stereotyp das Gelübde angehängt wird: „Ich will es nun / Auch ganz gewiss nicht wieder tun!" Schließlich wird die Akteurin, also Helene, nach einem besonders deftigen Streich gegen ihre Erzieher des Hauses verwiesen. – Am Ende ihres Lebens kämpft Helene gegen die Alkohol-Sucht, unterliegt aber nach dem Schwur: „Aber nun / Will ich's auch ganz – und ganz – und ganz – / Und ganz gewiss nicht wieder thun!"

Diese immer wieder vorgebrachte und sich zu hilflos-törichtem Ausdruck steigernde Formulierung ist bezeichnend für die permanente Durchbrechung eines Masturbationsverbots. In diesem Sinne wird sie auch mehrfach – geradezu demonstrativ und im genauen Wortlaut – von Freud zitiert. [61] Die allgegenwärtige Strafinstanz erscheint der Helene jetzt als Geist der verstorbenen Tante, – das gleiche Mittel, wie im oben zitierten Gedicht aus „Zu guter Letzt", um das Über-Ich darzustellen. Während aber das liebesdurstige Mädchen an Auszehrung zu Grunde geht, wird Helene nach ihrem Feuertod vom Teufel abgeholt.

Hierin lediglich ein Missverhältnis von Sündigkeit und Bestrafung zu sehen, geht doch wohl an der Sache vorbei. Es ist eher anzunehmen, dass Busch mit diesen Bestrafungsaktionen auch eigene Belastungen innerer Art hat aufarbeiten wollen. Wie wäre es sonst zu erklären, wenn er Jahrzehnte nach dem Erscheinen der „Frommen Helene" noch ein Jubiläumsgedicht auf sein Geschöpf mit den Worten beginnen lässt: „So hat sich denn schon sechsunddreißig Male / Das Jahr erneut in diesem Erdenthale, / Seit du erschienst in deiner Schändlichkeit." (HkGA II, Sp. 340) Was aber soll denn an dieser Person mit ihrem Durchschnittsleben so schändlich gewesen sein? Hat Busch vielleicht einen Teil seiner eigenen Schuldvorstellungen in seinem – hier allerdings weiblichen – Geschöpf versteckt?

Es sei noch einmal auf die dramaturgische Zuordnung von unerlaubter Handlung, Besserungsgelübde und Ausweisung der Helene aus dem Haus ihrer Erzieher hingewiesen. Eine Verknüpfung mit Buschs eigenem Erleben scheint nicht ausgeschlossen. Er hat als Knabe die Entfernung aus dem Elternhaus erfahren müssen, und wenn diese elterlicherseits auch mit den besten Absichten verbunden war, kann er sie doch ganz falsch verstanden und mit übertriebenem Schuldgefühl ausgestattet haben. So reimt er im „Maler Klecksel", wo der Knabe Kuno eines Streichs bezichtigt wird: „Wenn Wer sich wo als Lump erwiesen, / So bringt man in der Regel diesen / Zum Zweck moralischer Erhebung / In eine andere Umgebung." Streich und Ausweisung korrespondieren auch hier, und es wird deutlich, dass Busch in dieser Bildergeschichte wiederum einiges von seinem eigenen Erleben dargestellt hat.

Wie leicht nun Vergehen und Strafe von den sich schuldig Fühlenden in einen falschen Zusammenhang gebracht werden können, zeigen z.B. die Aussagen eines jüdischen Emigranten, den seine Eltern vor den Nazis retten wollten und die ihn darum eines Tages ins Ausland schickten. In einem Interview mit dem „Spiegel" bekannte Georges-Arthur Goldschmidt:

„[Meine] Schuldgefühle setzten ein, als ich genau spürte, dass wir in dem Haus mit dem schönen Garten nicht bleiben konnten – aus einem Grund, den ich nicht verstand. Ich glaubte, ich sei schuld daran, weil ich zum Entsetzen meiner Eltern gern an mir herumspielte. Jeder Knabe betreibt solche Selbstbefriedigung, aber für mich war diese kindliche Onanie das Schlimmste, was ich tun konnte."
Spiegel: „Haben Ihre Eltern Sie deswegen gescholten und bestraft?"
Goldschmidt: „Meine Mutter verbot mir immer wieder, an mir herum-

zufummeln. Manchmal fesselte sie mir die Hände ans Bett und schärfte mir ein: Das darfst du nicht tun. Was ich so schön fand, war verboten ..."
Spiegel: „Aber als Ihre beiden Eltern Sie und Ihren Bruder 1938 in Hamburg in den Zug setzten, da kannten Sie doch den wahren Grund der Trennung – die Judenverfolgung in Deutschland? Oder hat Ihr Vater Ihnen nicht erklärt, dass er seine Söhne in Sicherheit bringen wollte?"
Goldschmidt: „Nein. Ich dachte, das ist meine Strafe, und dieses Gefühl ist mir immer geblieben." [62]

Hier wurden also Handlungen oder Ereignisse als Strafe für eine Schuld interpretiert, die ursächlich gar nicht zusammengehören. Umgekehrt können für ein Schuldgefühl, dessen man sich nicht genau bewusst ist, Sünden ganz belangloser Art zur Erklärung herangezogen werden. [63] Das könnte auf Wilhelm Busch zutreffen, wenn man sich vergegenwärtigt, wie sehr ihn noch als reifer Mann, wie oben dargestellt, Probleme wie „Streich, Sühne-versprechen und Ausweisung" beschäftigten.

Wenn die Annahme zutrifft, Buschs Schuldgefühle gingen letztlich auf ein Masturbationsverbot zurück, müsste man auch fragen dürfen, ob es vom Vater oder von der Mutter ausgegangen ist. Das lässt sich natürlich nicht mehr zuverlässig feststellen. Sein Verhältnis zum Vater wird fraglos von den Faktoren bestimmt worden sein, die sich von einem (normalen) Ödipus-Konflikt ableiten lassen. So gibt es in seinem Werk Spuren von Kastrationsängsten, die meistens ein zuverlässiges Indiz hierfür sind. Im oben angeführten Text aus dem „Schmetterling" zwickt die hübsche Hexe dem zum Pudel verwandelten Peter den Schwanz ab. (GA IV, S. 252). – Und in der Bildergeschichte „Schmied und Teufel" kneift der Schmied dem Teufel ebenfalls den Schwanz ab und heftet ihn triumphierend an die Wand (GA II, S. 73), – Symbolhandlungen, die für sich sprechen.

Ganz sicher bildete das erzieherische Wirken der Mutter Wilhelms ein starkes Über-Ich, was dann auch die Ursache für seine starken Ängste gewesen sein kann. Derartige Über-Ich-Ängste sind aber in der Lage, nicht nur bestehende

Masturbationsbestrebungen zurückzudrängen, – gelegentlich so stark, dass der Betreffende von der ganzen Sexualität nichts mehr wissen will.

Diese Ambivalenz, die Mischung von Anziehung und Abstoßung, ist typisch für einen psychischen Prozess, an dessen Ende ein Tabu steht. [64) Wilhelm Busch muss von einem solchen Tabu, einem Sexual-Tabu, intensiv beherrscht worden sein. Beispiele, in denen Busch Frauen mit der Circe, mit einer Hexe oder gar mit dem Satan gleichsetzt, sind oben mehrfach angeführt worden. Wenn im „Heiligen Antonius" die Ballett-Tänzerin als Teufel durch den Kamin abfährt, so benutzt sie den für diese Instanz reservierten Ausgang: Er schwärzt den Benutzer, d.h. er ist sündenbehaftet. Im Sinne dieser Metaphorik müsste dann auch das Gedicht „Ja Ja!" aus „Zu guter Letzt" (GA IV, S. 300) verstanden werden, in der nun nicht die Frau schlechthin, sondern nur die ungehemmte Liebeslust angedacht wird:

Ein weißes Kätzchen, voller Schliche,
Ging heimlich, weil es gerne schleckt,
Des Abends in die Nachbarküche,
Wo man es leider bald entdeckt.

Mit Besen und mit Feuerzangen
Gejagt in alle Ecken ward´s.
Es fuhr zuletzt voll Todesbangen
Zum Schlot hinaus und wurde schwarz.

Ja, siehst du wohl, mein liebes Herze?
Wer schlecken will, was ihm gefällt,
Der kommt nicht ohne Schmutz und Schwärze
Hinaus aus dieser bösen Welt.

Das Elternhaus Wilhelms wird insgeheim eine Art „Überwachungsinstanz" dargestellt haben, die ihrem Ältesten eine „Genehmigung" für Liebe und Sexualität abzugeben hatte. Die oben angeführten Beispiele aus den Märchen und aus dem „Hänschen Däumeling" scheinen diese Aussage zu bestätigen.

Es sei noch auf den Schluss der Bildergeschichte „Schnurrdiburr oder die Bienen" hingewiesen, wo der Mond als gütiger Beobachter eine große Hochzeitsfeier begleitet, die von den Hauptakteuren ausgerichtet wird. Er ist mit einem Morgenrock angetan und raucht zufrieden Pfeife. (passim). Dieses Bild hat eine gewisse Ähnlichkeit mit einer frühen Zeichnung Buschs, die er von seinem Vater angefertigt hat. So könnte man bei „Schnurrdiburr…" im Mond eine Art überdimensionierte Vater-Imago erkennen, ohne dessen freundliche Überwachung die ganze Hochzeit keine rechte Legitimation hätte. [65]

15: Der Mond; aus: „Schnurrdiburr …"(GA II, S. 65)

16: Der Vater des Künstlers. Um 1865. (Handzeichnungen ..., Nr. 76)

Die Schwester Fanny

1875 teilte Busch einer Briefpartnerin eindringlich mit: „Hab ich nicht eine Mutter gehabt und eine Schwester, die ich liebe?!" (272). Diese Gleichsetzung von Schwester und Mutter, die vor Jahren schon verstorben war, ist, wenn nicht überraschend, so doch bemerkenswert. 1872 war Busch 40 Jahre alt, als er nach Wiedensahl zu seiner Schwester Fanny zog. Er hat dort bis zu seinem Tod in einer Art Symbiose mit ihr zusammen gelebt.

Von seiner Anhänglichkeit an die Schwester Fanny zeugen zahlreiche Bemerkungen in seinen Briefen: So schreibt er z.B. 1898 vor seinem Umzug nach Mechtshausen: „Meine Schwester... zieht da hin, und – wo meine Schwester bleibt, da bleib ich auch". (1204) Als seine Schwester einmal verreist ist, bezeichnet er sich als „Waisenknabe, so zu sagen". (1262) Sein Neffe Adolf Nöldeke erzählte, dass Fanny von Wiedensahl fortziehen wollte. Busch erklärte, „ganz mit ihr zusammenbleiben und mit ihr die Sorge für uns [seine Neffen] teilen zu wollen."[66]

Die Anhänglichkeit eines Mannes an seine Schwester ist nichts Ungewöhnliches. Man denke an Goethe und Cornelia. Im Falle Wilhelm und Fanny handelt es sich zweifellos aber um eine Bindung besonderer Art. Andeutungen hierüber kann man der kleinen Bildergeschichte „Die Verwandlung" entnehmen, in der eine Hexe einen naschhaften Jungen in ein Schweinchen verwandelt, das schließlich durch seine Schwester mittels einer Wunderblume wieder erlöst und zurückverwandelt wird. Auch hier liefern Märchenmotive das Material für die Geschichte, das von Busch indessen in eigenwilliger Weise verwendet und so zusammengesetzt ist, dass Vergleiche zu seinem eigenen Leben nahe liegen.

Es fällt auf, dass am Anfang der Geschichte zwei Personen als moralische Instanz auftreten, die den Knaben ermahnen, nicht zu naschen (die Schwester), und ihn deshalb auch aus dem Hause prügeln (die Mutter). Es folgt die Köderung des Knaben und dann seine Verwandlung zum Schwein, das von der Hexe und ihrem Mann geschlachtet werden soll. Die Schwester befreit darauf den Bruder und verwandelt ihn mittels einer Wunderblume in den Knaben zurück. In der letzten Szene fällt er seiner Schwester um den Hals und gelobt: „Nie mach´ ich´s wieder so!" Die Mutter ist in dieser Szene nicht mehr vorhanden. So hat die Schwester jetzt deren Stelle übernommen.

Betrachtet man den Fortgang der Dinge im Leben des Wilhelm Busch in den fraglichen Jahren und zum Zeitpunkt seiner Rückkehr nach Wiedensahl, so fallen die persönlichen Bezüge auf, die in dieser Bildergeschichte enthalten sind. 1868 starb sein Vater, zwei Jahre später seine Mutter. 1872 zog Busch in seine alte Heimat zurück. Dort lebte er im Pfarrhaus, das seine Schwester mit ihrem Mann, dem Pfarrer in Wiedensahl, der wenige Jahre später starb, bewohnte. Busch kümmerte sich von da an um die drei kleinen Söhne seiner Schwester.

Der Schluss der kleinen Bildergeschichte von der „Verwandlung" legt nun die Vermutung nahe, dass die Schwester hier an die Stelle der Mutter treten sollte. So könnte es auch im wirklichen Leben des Wilhelm Busch gewesen sein. Die Mutter, die für Busch bei aller Verehrung eine eherne Moralinstanz war, stand eines Tages als Person nicht mehr zur Verfügung. Vertreterin ihrer strengen Moral wurde jetzt die Schwester.

In der zweiten Szene der „Verwandlung" jagt die Mutter ihren Sohn aus dem Haus. Seine Flucht durch die Türöffnung sieht ein wenig auch nach „Sprung in die Freiheit" aus, – nach Abnabelungsprozess und dem heimlichen Schrei: „Jetzt kann ich endlich naschen!" Dieser Versuch endet in einer Katastrophe, aus der ihn nur die Schwester erlösen kann. Die Transformation des Ganzen fällt nun nicht mehr schwer: Karls Abnabelungsversuch missglückt; die Freiheit zu naschen, wird nicht erreicht. Nur die Schwester, die die Rolle der Mutter übernehmen muss, kann ihn erlösen.

Mit dieser Geschichte verbindet sich allerdings ein Vorgang, der so aussagekräftig wie peinlich ist. Busch lebte seit 1867 als Dauergast bei der Frankfurter Bankiers-Familie Kessler. Die tiefen Gefühle, die er für die Frau des Bankiers hegte, musste er natürlich verbergen. Dennoch unterstand er sich, das Original der Zeichnung dieser „Verwandlung" der Frau Kessler zu schenken und dem kleinen Opus zusätzlich den Titel „Die moderne Circe" zu geben. Eine doch wohl reichlich plumpe Anspielung auf die Ausstrahlung seiner Gastgeberin.

Aber selbst dann, wenn diese Deutung unzulässig wäre, sagt der Titel, in dem die Hexe mit einer Circe gleichsetzt wird, genug darüber aus, in welche Bereiche diese „Verwandlung" gehört. Die vom Knaben – vielleicht sogar freudig akzeptierte – Vertreibung aus dem Elternhaus kann als Vorgang üblicher Abnabelung eines jungen Menschen verstanden werden. Das Verbot des Naschens kann sich dann allerdings kaum auf das Naschen von Süßigkeiten beziehen, denn deswegen lässt man eine Schwester nicht weinen und treibt keine Mutter ihren Sohn aus dem Hause.

Hierin überhaupt ein Strafmotiv sehen zu wollen, würde die Geschichte auch zu sehr in die Nähe eines Erziehungsstückes rücken, was bekanntlich nicht in den Intentionen des Autors lag. Es wird sich also um etwas handeln, wovor der Hauptdarsteller *grundsätzlich* bewahrt werden musste. Dass die Mutter die Instanz war, die die sexuelle Autonomie ihres Sohnes (ungewollt) blockierte, war schon im vorigen Kapitel wahrscheinlich gemacht worden. Es fragt sich hier nun, welche Rolle der Schwester zugedacht wurde. Es fällt auf, dass die Verantwortlichen, die hier bewahrend tätig werden sollen, von einer Personenmehrheit zu einer Einzelperson wechseln, - von Mutter *und* Tochter zur Tochter allein. Diese übernimmt in der Bildergeschichte wie in Buschs Leben die Funktion der Mutter, – eine Funktion, die sich aber wohl kaum auf den Bereich der Sexualität bezogen haben dürfte.

Es scheint indessen so, dass die Schwester Fanny im Leben ihres Bruders noch eine ganz andere, belastende Rolle gespielt hat. Es gibt Indizien dafür, dass Busch einen Teil seiner Schuldgefühle auf seine Schwester übertragen hat. In seiner autobiographischen Schrift „Was mich betrifft" schreibt er: „Was weiß ich denn noch aus meinem dritten Jahr? ...hinter dem strohgedeckten Hause, neben dem Brunnen, stand ein Kübel voll Wasser, und ich sah mein Schwesterchen [damals ein Jahr alt] drin liegen, wie ein Bild unter Glas und Rahmen, und als die Mutter kam, war sie kaum noch ins Leben zu bringen. Heut (1886) wohne ich bei ihr." Sonderbarer Weise ist diese Stelle noch nie auf das darin enthaltene massive Schuldeingeständnis und Wiedergutmachungsmotiv hin gelesen worden.

Diese Stelle ist in seinem späteren Lebensbericht „Von mir über mich" nicht mehr enthalten. Vielleicht war Busch dieses Erlebnis zu persönlich, eher wohl zu peinlich, denn möglicherweise hatte er von der Mutter, die gerade noch rechtzeitig kam, harte Vorwürfe wegen seiner Untätigkeit bekommen. Das mag schwere Schuldgefühle in ihm ausgelöst haben. Ob sie so tief gingen, dass sie ihn ein Leben lang begleiten mussten, steht freilich dahin. Eine andere Deutung, die in ganz andere Richtung weist, liefert vielleicht eine überzeugendere Erklärung für Buschs Schuldbewusstsein, das ihn zu dieser Jahrzehnte dauernden Symbiose zwang.

In seiner Schwester Fanny, die zwei Jahre nach ihm geboren wurde, entstand ihm natürlich eine Rivalin im Wettstreit um die Gunst der Mutter. Busch selbst waren solche Gefühle natürlich nicht ganz unbekannt. In der Sammlung „Kritik des Herzens" befindet sich ein Gedicht, das diese Ängste und die damit verbundenen Wünsche satirisch zum Ausdruck bringt: „Die Tante winkt, die Tante lacht: / He, Fritz, komm mal herein! / Sieh, welch ein hübsches Brüderlein / Der gute Storch in letzter Nacht / Ganz heimlich der Mama gebracht. / Ei ja, das wird dich freun! / Der Fritz, der sagte kurz und grob: / Ich hol'n dicken Stein / Und schmeiß ihn an den Kopp!" (GA II, S. 509)

Vielleicht waren seine Gedanken beim Anblick der Schwester im Wasserbottich danach: „Ach, wenn sie doch tot wäre!" Eine unschöne Vorstellung, aber doch mehr als nur Gedankenspielerei. Derartige Todeswünsche gehören zu den „normalen Elemente(n) infantilen Trieblebens"; und ebenso normal ist, „dass das Ich sich mit seiner ganzen Abwehrorganisation gegen sie zur Wehr setzt"[67]. Ihre Methoden sind vielfältig und manifestieren sich z.B. in Form von Verdrängung, Regression, Ungeschehenmachen oder in „Reaktionsbildung". Dabei verkehrt man das, was man insgeheim wollte, ins Gegenteil. Da verwandelt sich Neid und Eifersucht in Selbstlosigkeit und übertriebene Fürsorge für andere. [68]

Anders ausgedrückt: Der negative Impuls („Ach, wenn sie doch tot wäre") ist unzureichend verdrängt und wird durch einen gegenteiligen Impuls vom Bewusstsein fern gehalten. Die Reaktion auf den Hass und den Zerstörungswillen wäre z.B. Liebe und Bewunderung. „Das Ich glaubt sich durch diese Maskerade... vor der Angst zu schützen und von Schuldgefühlen freihalten zu können. [69] Dieser psychische Vorgang muss nun *ständig* aufrechterhalten werden. Die Schuldgefühle müssen gemildert werden. Was folgt, sind Wiedergutmachungshandlungen, – eine Art „Helfersyndrom".

So widmete Busch sich in Wiedensahl und später der Erziehung und dem Fortkommen der drei heranwachsenden Söhne seiner früh verwitweten Schwester. Vielleicht kann man sagen, dass sie damit – freilich ungewollt – zusätzlich die Aufgabe zu übernehmen hatte, die vorher die Aufgabe der Mutter allein war: Ihn vor jeglicher Art sexueller Versuchung zu schützen.

Die Unerreichbare

Im Hause des Frankfurter Bankiers Johann Daniel Heinrich Kessler war seit 1865 Buschs Bruder Otto als Hauslehrer angestellt. Er hatte Wilhelm zu einem Besuch in Frankfurt veranlasst. Für ihn begann damit eine lebenslange Verbindung zur Herrin des Hauses, die sich vornehmlich für den *Maler* Busch interessierte. Johanna Kessler richtete ihm 1868 ein Atelier und dann eine Wohnung in der Nähe der großbürgerlichen Bankiers-Villa ein. Hier in Frankfurt lernte er die Lebensart begüterter Kreise kennen, die er gewisslich bewunderte. Er hätte dort auf lange Zeit sorgenfrei leben und arbeiten können. Doch packte er 1872 seine Koffer und kehrte in sein Dorf Wiedensahl zurück. Sein Rückzug aus Frankfurt „wirkte geradezu schroff. Es scheint, als habe er damals für sich die Unmöglichkeit eingesehen, mit Johanna Kessler in allzu großer Nähe zu leben, ohne dass es für sein Gefühlsleben dabei zu Komplikationen kommt." So Hans Ries mit aller Vorsicht.[70]

Tatsächlich überschritten seine Gefühle für diese Frau das Maß der Freundschaft. Frau Kessler war ohne Zweifel die Persönlichkeit seiner lebenslangen Verehrung und Liebe geworden. Lange nach seiner Rückkehr nach Wiedensahl muss er der Verehrten in seiner Verzweiflung von seinen Gefühlen Mitteilung gemacht haben. Ein entsprechender Brief ist nicht vorhanden, doch wird man annehmen müssen, dass die Empfängerin ihn vernichtet hat. Sicher ist, dass sie ihn beantwortet hat [71], denn Busch nimmt am 12.2.1875 dazu Stellung:

„Sie vertrauen dem milden Einfluss der Zeit. Wohl und Gewiss! Aber doch, derweil wir wandeln, geht all das Gute, was wir nicht gethan und all das Liebe, was wir nicht gedurft, ganz heimlich leise mit uns mit, bis dass die Zeit *für dieses Mal* vorbei: Es weht der Wind: das Schneegestöber hüllt mir Wald und Feld und Garten ein. Ich wollt ich wär ein Eskimo…" (251)

Es gibt sonst keine klaren diesbezüglichen Geständnisse, es sei denn, man löse die Andeutung aus seiner autobiographischen Schrift von 1886 „Was mich betrifft" auf: „Aber ich, Madam! und Sie Madam; und der Herr Gemahl, der abends noch Hummer isst, man mag sagen, was man will. – Doch nur nicht ängstlich. Die bösen Menschen brauchen nicht gleich alles zu wissen..." (S. 153) Mit dem Hummer essenden Gemahl ist natürlich der Bankier Kessler gemeint. Busch blieb nichts anderes übrig, als seine Liebe für die unerreichbare Frankfurterin in sich „hineinzufressen" und sie aus der Ferne zu verehren. So ist die abrupte Abreise aus Frankfurt vielleicht sogar verständlich.

Unerfüllte Liebe, mindestens versteckte Verehrung, wird sich nicht auf diesen Fall beschränkt haben. Es gibt eine Reihe von Briefen, die er mit Frauen wechselte, die er zweifellos schätzte und in denen er seinen sonst so beherrschten Stil änderte und sich eines gelegentlich plump-vertraulichen Tons befleißigte, wie in denen, die er an Marie Hesse adressierte, die wahrscheinlich von der Empfängerin am Ende beschnitten sind; es fehlt jedes mal die Schlussformel! Vielleicht fühlte sich die verheiratete Frau unberechtigter Weise bloßgestellt. [72]

Ganz gleich, ob seine Verehrung nun jedes Mal einer unerreichbaren Frau galt, – er sah sich offenbar so oder so chancenlos. 1865 schreibt er an Bassermann: „Wieder wohne ich bei einer Doctorswitwe, die aber diesmal ein gar hübsches Töchterlein hat. Aber was will das sagen? Nur zuweilen erlaube ich mir einen schüchternen Seitenblick." (40) Busch ist zu dieser Zeit 33 Jahre! Und 1876 schreibt er an Frau Kessler: „Die alte wacklige Mühle steckt ganz voll junger Mädchen, die mich *natürlich* nicht tiefer interessieren konnten." (332) Man fragt sich, warum er bei so mangelndem Interesse von diesem Umstand überhaupt Mitteilung macht.

Kein Zweifel: Busch wurde mit bestimmten Bedrängungen, denen ein junger Mann auf erotisch-sexuellem Gebiet ausgesetzt ist, nicht fertig. In seiner Gedichtsammlung „Zu guter Letzt" (1904) schildert er im Gedicht

„Schreckhaft" die Wirkung eines Liebesantrags, der abschlägig beschieden wird: „Der Schreck, den er da hatte,/ Hätt ihn fast umgeschmissen, / Als hätt ihn eine Ratte/ Plötzlich ins Herz gebissen." (GA IV, S.312) So spricht nur einer, der es so oder ähnlich erlebt hat.

In seiner Prosa-Erzählung „Der Schmetterling" (1895) schildert Busch einen jungen Mann, der unübersehbar Züge seines Autors trägt und der Ähnliches erlebt. Bei einem drohenden Regen, so die Erzählung, schlüpfte er in eine Hütte, und „ich fiel direkt in zwei offene Weiberarme und wurde auch umgehend so heftig gedrückt und abgeküsst, dass ich, der so was nicht gewohnt war, in die peinlichste Angst geriet." (GA IV, S.229) Die Formulierung „der so was nicht gewohnt war" gewährt Einblicke, die Wunschvorstellungen des Autors, Geständnisse seiner Unerfahrenheit und geheime Ängste verraten.

In der Sammlung „Dideldum" (1874) ist mit dem Gedicht „Summa Summa-rum" ein Resümee enthalten, das schließlich in einer Art Beichte ausklingt:

Sag, wie wär es, alter Schragen,
Wenn du mal die Brille putztest,
Um ein wenig nachzuschlagen,
Wie du deine Zeit benutztest.

Oft wohl hätten dich so gerne
Weiche Arme warm gebettet;
Doch du standest kühl von ferne,
Unbewegt, wie angekettet.

Oft wohl kam´s, dass du die schöne
Zeit vergrimmtest und vergrolltest,
Nur weil diese oder jene
Nicht gewollt, so wie du wolltest.

Demnach hast du dich vergebens
Meistenteils herumgetrieben;
Denn die Summe unsres Lebens
Sind die Stunden, wo wir lieben.

Die Schlusszeilen sind übernommen aus einem Stiftungslied, das Busch 1860 für die Künstlervereinigung „Jung-München" verfasst hat: „Wer da hasst, der lebt vergebens,/ Denn die Summe unsres Lebens/ Sind die Stunden, wo wir lieben." (GA IV, S. 440) Was hier noch als fröhliches, unbeschwertes Bekenntnis auftritt, ist im späteren Gedicht zur Resignation abgesunken [73], die einen Mann überfällt, der gerade das 42. Lebensjahr erreicht hat und der sich offenbar die Einsicht zueigen macht, er müsse den Rest seines Lebens in diesem unerfreulichen Zustand verbringen.

Hans Ries spricht im Zusammenhang mit der Gestalt des Tobias Knopp in den „Abenteuern eines Junggesellen" (HkGA II, Sp. 1584) und in seinem missglücktem Auftreten bei der Familie Piepo von eigenen Minderwertig-keitsgefühlen, mit denen Busch den Hauptdarsteller seiner Bildergeschichte ausstattet, – Umstände, die ihn zu eiliger Flucht veranlassen. [74]

Es scheint so, als ob diese Selbsteinschätzung und die selbst auferlegte Konsequenz eines Rückzugs aus dem jeweiligen Umfeld wie ein Fatum das Leben des Wilhelm Busch begleitet hat. Dabei waren die Weichen in eine andere, erfreulichere Richtung längst gestellt.

"Fremdes Glück ist ihm zu schwer"

„[Busch] ist überall dabei, sowohl im Café beim Schach- oder Dominospiel, wie auch abends auf der Kneipe" liest man in einer „Kneipzeitung", die von Studienfreunden in München herausgegeben wurde. [75] 1854 war Wilhelm Busch in die dortige Kunstakademie aufgenommen worden und hatte sich einem Künstlerverein „Jung-München" angeschlossen. Unter anderem verfasste er für ihn kleine Stücke für das Puppentheater und dichtete Singspiele. [76] Das Treiben des Vereins hat ihm aber nicht lange behagt, Gespräche im kleinen Kreis lagen ihm mehr. Er lernte die Maler Lenbach und Kaulbach kennen, den Verleger Ernst Hanfstaengel und den Bildhauer Gedon. Später kamen der Dirigent Levi dazu und der Schriftsteller Paul Lindau. Ein Foto zeigt ein Dreier-Porträt von Lenbach, Lindau und Busch, – ein Arrangement, das bewies: Busch war „einer von ihnen" geworden.

Es waren sogar sehr erlauchte Kreise, die sich ihm auftaten. Als er später München verlassen hatte, bemühten sich seine alten Bekannten vergeblich, ihn zur Rückkehr zu bewegen. Nach einem Versuch, dort wieder Fuß zu fassen, schrieb er in einem Brief vom 28.10.1878: „So recht eingewöhnt bin ich hier noch nicht und werd es wohl auch nie. Mit der ländlichen Einsamkeit zu lange vertraut, kommt es mir nun so vor, als wär ich auf einmal zwischen die Buden eines recht unruhigen Jahrmarktes gekommen." (425)

Weder die künstlerisch so anregende Stadt München, noch der Kreis wohlgesonnener Menschen, waren in der Lage, ihn zu halten. Busch begann wohl eher, seine Rolle in der Gesellschaft zu definieren, – die Rolle eines Außenseiters. Zahllos sind die Belege für die, angeblich freiwillig gewählte, Situation eines Mannes, der Geselligkeiten gern aus dem Wege geht und der im städtischen Umfeld keine Wurzeln schlagen kann.

Busch hat diesen Umstand selbst immer wieder kommentiert und verteidigt. So schreibt er 1875 an Frau Anderson: „Wollen Sie es mir, der mit voller Überzeugung eine `idyllische´ Zurückgezogenheit erwählt, verdenken, dass ich..." usw. (308) Mit dem Hinweis auf die „volle Überzeugung" soll hier wohl ein entgegenstehender Verdacht im Ansatz abgeblockt werden. Später (1888) formulierte er in einem Brief an Kaulbach: „So hockt der Kerl in seinem Winkel und sieht leidlich zufrieden aus. `Er thut´s aus Grundsatz´, sagt Einer. `Er thut´s aus Not´, ein Zweiter. `er thut´s aus Neigung´, ein Dritter." (715) Das sind Angebote, die der Autor zur Auswahl stellt, von denen er selbst aber auch nicht recht zu wissen scheint, welches davon nun zutrifft.

1876 schreibt er Lenbach aus Wiedensahl nach einem Besuch in München:

"… so viel Lärm… macht mich unruhig und verlegen, und ich fühle dann so recht deutlich, wie weit ich mich aus dem Geknuff der Welt in´s `Land der Fabel´ zurückgezogen habe. Zu weit vielleicht. Ich will versuchen, ob nicht eine Mittelstation für mich zu finden ist; denn ganz wird der Schuhu sein Gemäuer wohl nicht verlassen." (362)

Bekenntnisse zum Allein-Sein, ja zur Einsamkeit sind in seinen Briefen und Gedichten zahlreich zu finden. Aber die hier zitierten Stellen zeigen doch deutlich die Ambivalenz seiner Gefühle und das heimliche Ungenügen an den geschilderten Umständen. Wenn er 1873, nachdem er Frankfurt verlassen und sich wieder in Wiedensahl niedergelassen hatte, einem Bekannten schreibt: „So geht´s, wenn man nirgends feste Wurzeln gefasst hat" (196), zeigt das, dass ihm auch seine angeblich „angestammte Heimat" Wiedensahl wohl nicht Heimat genug war.

Sein Rückzug ist nicht nur ein lokaler, sondern auch ein sozialer. „Für die Gesellschaft ist er nicht genugsam dressiert, um ihre Freuden geziemend zu würdigen und behaglich genießen zu können" schreibt er in „Was mich betrifft". Selbst seinem Jugendfreund Erich Bachmann in Ebergötzen schickte er 1874 ein Absage, als dieser ihn zu einem Fest einlud: „Aber es ist doch besser, wenn ich bei meiner Arbeit bleibe..." (214)

Seinem Verleger Bassermann schrieb er in einem ähnlichen Fall: „Weißt Du..., wenn die ganze Gesellschaft unter einer Glasglocke herumgewirtschaftet hätte u. ich hätte sie still beobachten können, wäre mir's ganz recht gewesen, aber selbst mitthun, nein das geht mir gegen den Strich." [77] Busch hat aus dieser, eigentlich etwas unbefriedigenden, Situation eine ganze Lebensdevise gemacht; in seinen „Sprickern" findet sich die Losung: „Wer zusieht, sieht mehr, als wer mitspielt." (S. 541) 1886 teilt er Lenbach brieflich mit: „Mit gemütlicher Spannung... schau ich den Freunden zu, die zu erhabenen Punkten emporklimmen." (652)

Alle diese Aussagen lassen starke innere Konflikte durchscheinen. Wenn Busch bei seinem besten Freund eingeladen wird, wer zwingt ihn abzusagen und „bei seiner Arbeit zu bleiben"? Wer oder was zwingt ihn, auf das Mitspielen zu verzichten und sich auf das Beobachten zu beschränken? Und ist das „gemütliche Zuschauen", wie alte Bekannte langsam Karriere machen, wirklich ehrlich? Wäre etwas eigene Karriere nicht auch wünschenswert gewesen? Wie Busch sich schon mit Mitte 40 selbst empfand, zeigt ein Selbstbildnis, das ihn als Bettler darstellt.[78] – Im Alter äußerte er einem Neffen gegenüber: „Ich habe ja nichts erlebt in meinem Leben";[79] ein kaum verhülltes Selbstbedauern!

Busch, der sich im Lauf seines Lebens mehr und mehr fast aus jeder Gesellschaft herauszog, bekannte sich nun zur Rolle des Beobachters. Die Beobachtung wird gleichsam Ersatz für die fehlende Kommunikation. In seinen Bildergeschichten hat Busch das Problem oft angesprochen, – gelegentlich so intensiv, dass man sein eigenes Erleben dahinter vermuten muss. Eine direkte Identifikation mit bestimmten seiner Gestalten muss damit gar nicht geboten sein. Es sind die selbst durchlittenen Situationen, Erfahrungen und Einsichten, die in verkleideter Form hier wieder auftreten.

In der „Kirmes" aus „Dideldum" (GA II, S. 472) schildert Busch eine Fete in einer dörflichen Tanzdiele. Ein Dorftrottel beobachtet die tanzenden Paare mit steigendem Vergnügen. Nachdem er sich Mut angetrunken hat, beschließt er eine „sitzen gebliebene" Dorfschönheit aufzufordern, um mitzuwalzen. Durch seine Tollpatschigkeit geht die Sache natürlich schief, die Musikkapelle wird umgestoßen, die Tänzer fallen übereinander, das Tanzvergnügen muss abgebrochen werden.

Die Episode zeigt nun nicht nur das unglückliche Auftreten eines sichtlich Angeheiterten. Die ganze Angelegenheit ist ein Sinnbild für die hoffnungslose Situation eines Menschen, der zu den gesellschaftlichen Randexistenzen gehört und der mit Gewalt versucht, in den geschlossenen Kreis der Glücklicheren einzudringen. Gewiss ist das nicht wörtlich das Problem Buschs. Doch die Situation des „Außen vor", das Gefühl „Ich gehöre ja sowieso nicht dazu", passt jedenfalls in die Nähe dessen, was Busch stets bewegt hat. Der Aphorismus „Wer zusieht, sieht mehr, als wer mitspielt" klingt jetzt wie eine Alibi-Bemerkung, die einen Missstand kaschieren soll. [80]

Derartige Töne klingen in seiner späten Bildergeschichte „Plisch und Plum" verstärkt an. Hier taucht eine der seltsamsten, ja unheimlichsten Gestalten auf, die sich in den Bildergeschichten Buschs findet: Der alte Kaspar Schlich, der zu Anfang zwei junge Hunde loswerden will und sie zu diesem Zwecke ins Wasser wirft. Er begegnet ihnen überraschend aufs Neue, nachdem sie von anderer Hand gerettet wurden. Hämisch grinsend verfolgt er ihr weiteres Schicksal, vornehmlich dann, wenn die Kreaturen bei ihren neuen Besitzern mal wieder Chaotisches angestellt haben. Mit seinem Kommentar: „Das ist freilich ärgerlich, / Hehe, aber nicht für mich!" rechtfertigt er immer wieder seinen Verzicht.

Dieser Trost ist aber nicht von Dauer. Die Geschichte nimmt eine unerwartete Wendung. Schlich wird Zeuge, wie ein steinreicher Engländer Gefallen an den Hunden findet und sie für einen hohen Geldbetrag erwirbt. „Schlich, der auch herbeigekommen, / Hat dies alles wahrgenommen. / Fremdes Glück ist ihm zu schwer. / `Recht erfreulich!´ – murmelt er – / `Aber leider nicht für mich!!´ / Plötzlich fühlt er einen Stich, / Kriegt vor

Neid den Seelenkrampf, / Macht geschwind noch etwas Dampf, / Fällt ins Wasser, dass es zischt, / Und der Lebensdocht erlischt..."

Mit dieser Erzählung und ihrem „tragischen" Ausgang hat Busch zweifellos eines seiner wichtigsten Lebensprobleme anschaulich gemacht: Das eines freiwilligen, aber unverlangten Verzichts und das des heimlichen Neides, der am Ende doch wieder durchbricht. Ein ambivalentes Grundgefühl, dessen Formel heißen könnte: Ich will es, aber eigentlich will ich es wieder nicht. Die kühle, unbeteiligte Haltung des Beobachters, der sich einredet, dass er diese Rolle sogar gerne spielt, bringt am Ende ein Überlegenheitsgefühl mit sich, mit dem der unerwünschte Gedanke: „ich will es eigentlich doch nicht", – besser: „ich schaffe es wohl doch nicht" abgewehrt wird. Ein Versuchungs-Versagungs-Konflikt!

Dieses Überlegenheitsgefühl ist gerade beim Außenseiter nichts Ungewöhnliches. Auch bei Busch ist dies vermutet worden. Teichmann spricht von einem Phänomen der Kompensation: „Es tut gut, Hilflosigkeit durch Überlegenheitsgefühl zu kompensieren." [81] Ob dieser Gedanke auf Busch nun zutrifft oder nicht, – Busch war sich dieses Problems mit Sicherheit bewusst. Er kannte indessen auch die Brüchigkeit dieser psychischen Konstruktion. So zeigt er am Zusammenbruch des Kaspar Schlich die Einsicht, dass hier etwas weggeworfen wurde, was doch auch Glück bringen kann. „Fremdes Glück ist ihm zu schwer!" Für Busch wäre das die freiwillig gewählte und überspielte Außenseiter-Rolle und der nicht eingestandene Wunsch, irgendwie dazuzugehören.

Als Busch München verließ, ließ er sein Umfeld wissen, er könne sich dort nicht heimisch fühlen, und er versicherte später einem Freunde, er beobachte gelassen den gesellschaftlichen Aufstieg seiner Bekannten, lobte dagegen seine selbstgewählte Eremiten-Rolle. Wahrscheinlicher ist, dass er sich von vornherein dem Münchner Kreis nicht zugehörig fühlte und dass auch die Gelassenheit, mit der er den gesellschaftlichen Aufstieg seiner Freunde beobachtete, seinen heimlichen Neid verbergen sollte. Fremdes

Glück wird auch ihm zu schwer gewesen sein, – aus der Ferne betrachtet vielleicht etwas leichter …

Zwischen den Stühlen

Die Frage, welcher sozialen Schicht sich Busch zugehörig fühlte, ist nicht eindeutig zu beantworten. Überwiegend hat er Menschen aus der dörflichen Welt dargestellt oder karikiert. Eines seiner Hauptwerke, „Die fromme Helene", spielt allerdings im großbürgerlichen Umfeld. Aus seiner Münchner Studentenzeit wiederum stammen Bilderszenen und Gedichte, die der Boheme angehören. Möglicherweise hat sich Busch absichtslos von dem Milieu anregen lassen, das ihn gerade umgab. Über den Grad seiner Identifizierung mit der jeweiligen gesellschaftlichen Umgebung lässt sich aber nur schwer etwas sagen.

Eines ist Busch aber schon früh deutlich geworden: Dass es nämlich zwischen den gesellschaftlichen Klassen oder Schichten Sprach- und Verhaltensbarrieren gibt, die eine Verständigung manchmal unmöglich machten, – zumindest erschweren. So schildert er 1866 in der kleinen Bildergeschichte „Ein galantes Abenteuer" einen Stutzer, der als Besucher morgens in einer Großstadt ankommt und die Frauen von der städtischen Straßenreinigung mustert (GA I, S. 411ff.):

> Seid mir gegrüßt, ihr edlen Frauen,
> So wunderlieblich anzuschauen!
> „Wat het he seggt?!" So tönt's im Chor,
> Fünf Besen heben sich empor.

Obwohl die plattdeutschen Grazien die törichten Wortwendungen des Besuchers nicht verstehen, müssen sie doch mutmaßen, verhöhnt zu werden, und so ist ihre Reaktion entsprechend. – Auch wenn sich Busch mit dem Stutzer sicher nicht identifizieren wollte, sind persönliche Bezüge in diesem Erleben nicht ausgeschlossen. Zumindest die Schlusszeilen lassen das vermuten:

So geht´s! – Bei Damen sollst du fein,
Gar niemals nicht ironisch sein.

Ganz ähnlich mutet der Zusammenstoß zwischen dem Dichter Balduin Bählamm und der ländlichen Schönheit Rieke Mistelfink an, als er ihr auf einer Wanderung begegnet (GA IV, S. 50f.):

Und Bählamm, wie die Dichter sind,
Will diesem anmutsvollen Kind
Als Huldigung mit Scherz und Necken
Ein Sträußlein an den Busen stecken.
Ein Prall – ein Schall – dicht am Gesicht –
Verloren ist das Gleichgewicht.

Die Sprache wird nicht verstanden, die darin enthaltene Ironie aber wohl bemerkt und natürlich als ärgerlich empfunden. Die Ratlosigkeit darüber, was hier angemessene Antwort sein könnte, führt zu unangemessenem Verhalten.

Eine geradezu unverständliche Reaktion eines Menschen zeigt Busch in seiner kurzen Bildergeschichte „Der Undankbare“: Ein wohl aus einfachen Verhältnissen stammender Mann wird nach zu reichlichem Alkoholgenuss aus einem Gasthaus geworfen, strebt nach Haus und stürzt schwer hin. (In: „Die Haarbeutel“. GA III, S.218ff.)

Hilfsbedürftig voller Schmerzen
Sitzt er da in Glas und Kies,
Doch ein Herr mit gutem Herzen
Kam vorbei und merkte dies.

Voller Mitleid und Erbarmen
Sieht er, wie es Meiern geht,
Hebt ihn auf in seinen Armen,
Bis er wieder grade steht.

Puff! Da trifft ein höchst geschwinder
Schlag von Meiern seiner Hand
Auf des Fremden Prachtzylinder,
Dass der Mann im Dunkeln stand.

Ohne Hören, ohne Sehen,
Steht der Gute sinnend da;
Und er fragt, wie das geschehen,
Und warum ihm das geschah.

Dass Edelmut schlecht belohnt wird, ist nichts Unübliches und eigentlich nicht weiter erwähnenswert. Was aber teilt diese Geschichte darüber hinaus noch mit? Der Herr, der da des Weges kommt, ist nicht nur mit einem guten Herzen ausgestattet, sondern auch mit Attributen, die ihn als gut situierten Bürger kenntlich machen. Indessen muss man bei ihm wohl eine gewisse Weltfremdheit feststellen. „Voller Mitleid und Erbarmen" braucht niemand zu sein angesichts dieses lächerlichen Missgeschicks. Schnapsbrüder dieser Art wissen sich bekanntlich selbst zu helfen und kommen schon irgendwie nach Haus. Der Samariterdienst „des Guten" ist hier völlig unangebracht und gehört in die Kategorie karitativer Elendsmilderung, zu der sich das wohlanständige Bürgertum immer wieder aufgerufen fühlt. Die Groteske beginnt also schon vor dem Schlag auf den Hut.

Busch karikiert hier Vertreter von Gesellschaftsschichten, die sich in ihren Vorstellungen von der Welt und in ihrem Verhalten fremd gegenüberstehen. Wie weit hätte sich Busch hier identifiziert? Seine Geschichten gehen hier und anderswo über persönliche Belange hinaus und betreffen Sachverhalte, die letztlich gesamtgesellschaftliche Probleme sind.

„Fipps der Affe" gerät nach manch derbem Abenteuer in eine Familie, die ihm ein angenehmes Leben und sogar Wohlstand gewährt. Eines Tages verlässt das Tier dieses Paradies fluchtartig und begibt sich wieder in riskanteres Umfeld. Fips fühlt sich der „feinen Gesellschaft" einfach nicht zugehörig. –

„Maler Klecksel" beginnt mit einer Maskenball- Bekanntschaft eine Liaison und knüpft gleichzeitig erste Kontakte mit einer Dame bester Gesellschaft. Die beiden Beziehungen „karambolieren" natürlich alsbald. (GA IV, S. 142)

Der Autor schildert hier nichts kühlen Herzens. Er muss die Situation „zwischen den Stühlen" vor allem bei seinem Aufenthalt in Frankfurt am Main in der Kessler-Familie erlebt haben. Seine Gastrolle in diesem großbürgerlichen Umfeld konnte so oder so nicht von langer Dauer sein. Wenn Hans Ries – wie oben zitiert – die Flucht des Tobias Knopp aus dem herrschaftlichen Hause Piepo mit dessen Minderwertigkeitsgefühlen in Verbindung bringt, drängt sich doch der Gedanke auf, Busch schildere hier sein eigenes Erleben im Hause Kessler.

Was immer die Gründe für seinen Rückzug waren, hier und in den eben gezeigten Fällen wird doch eine versteckte oder gar offene Unsicherheit in Bezug auf den gesellschaftlichen Standort sichtbar, – sei es des eigenen, sei es der dargestellten Personen.

In der Gestalt des „Balduin Bählamm" wird die Suche nach einem Platz für die eigene Wirksamkeit deutlich: Der Dichter, der den abendlichen Ausblick auf die Natur genießen möchte, findet die einzig passende Bank bis auf den letzten Platz besetzt. Man hat im Zusammenhang mit dem zahlreich sich einstellenden Missgeschick, dem Bählamm ausgesetzt ist, auch hier wieder die oft zitierte „Tücke des Objekts" bemühen wollen. Hier wohl zu Unrecht: „Bählamm ist ein verhinderter Dichter nicht aus Gründen tückischer Objekte, sondern weil es seiner Spießerseele ausgerechnet auf die Bank zieht, auf der schon andere Leute im Sonnenuntergang schwelgen. Er ist sentimental und angefüllt mit falschen Vorstellungen von der Welt."[82]

Der Dichter, der keinen Platz auf der Bank zwischen den anderen findet, oder finden mag, – das könnte in der Tat ein Bild für die Situation Buschs selbst sein. Er reagiert schließlich mit Rückzug und sieht sich ohne feste Zugehörigkeit zwischen den Teilen der Gesellschaft.

Verzicht als Lebenshaltung

Ein Rückzug unter den eben geschilderten Umständen ähnelt der Reaktion eines Menschen, der insgeheim schon mit einer Niederlage gerechnet hat, – der sich so oder so in der Verliererrolle wähnt. Busch scheint sie nicht ganz fremd; andeutungsweise geht sie aus einem Gedicht hervor, das den Fabeln des Äsop entnommen ist. Hier wird von einem Löwen erzählt, der zusammen mit einem Esel und einem Fuchs auf die Jagd geht, wo sie einen Hirsch erlegen. Dem Esel obliegt die Teilung, aber er bezahlt seine Rolle mit dem Leben. Der Fuchs korrigiert dessen Vorschlag zugunsten des Löwen und bleibt am Leben. [83]

Busch hat diese Erzählung zur Vorlage für sein Gedicht „Die Teilung" genommen, das er 1904 in seiner Sammlung „Zu guter Letzt" (GA IV, S. 283f.) veröffentlichte. Hier erlegt ein Löwe zusammen mit einem Wolf ein Wildschwein. Für die Teilung der Beute wird ein Fuchs zu Rate gezogen. Dann heißt es:

> Der Fuchs war ein Jurist von Fach.
> Sehr einfach, spricht er, liegt die Sach.
> Das Vorderteil, ob viel, ob wenig,
> Erhält mit Fug und Recht der König.
> Dir aber, Vetter Isegrim,
> Gebührt das Hinterteil. Da nimm!
> Bei diesem Wort trennt er genau
> Das Schwänzlein hinten von der Sau;
> Indes der Wolf verschmäht die Beute,
> Verneigt sich kurz und geht beiseite.

Von Interesse ist hier, wie der Wolf reagiert. Mit der Verneigung, die man sich „schweigend" vorzustellen hat, demonstriert der Betrogene das letzte Zeichen von Eigenwürde. Mit dem Verzicht auf Widerstand und Protest zeigt sich der Beteiligte als jemand, der die Rolle des Unterlegenen nur zu gut kennt und sie stillschweigend weiterspielt. Die Tatsache, dass Busch diese „Nebensächlichkeit" der Fabel hinzugesetzt hat, lässt vermuten, dass sie der Erlebniswelt des Autors entstammt.

Der Ausdruck des Gefühls, auf der Verliererseite zu stehen – „So stehe ich denn tief auf der Schattenseite des Berges" (GA IV, S. 211) – ist das Bekenntnis zum endgültigen Verzicht auf die eigentlich erstrebenswerten Dinge dieses Lebens: „Enthaltsamkeit ist das Vergnügen / An Sachen, welche wir nicht kriegen" lässt Busch seinen Weisen dozieren. („Die Haarbeutel", GA III, S. 209) Was hier noch witzig-persiflierend einhergeht, zeigt sich in einem Gedicht aus der „Kritik des Herzens" (GA II, S. 494) als Bekenntnis zu einer ganzen Lebenshaltung:

> Es wohnen die hohen Gedanken
> In einem hohen Haus.
> Ich klopfte, doch immer hieß es:
> Die Herrschaft fuhr eben aus!
>
> Nun klopf ich ganz bescheiden
> Bei kleineren Leuten an.
> Ein Stückel Brot, ein Groschen
> Ernähren auch ihren Mann.

Am „Ende der Bescheidenheit" steht schließlich der totale Verzicht. In seinem Gedicht „Gründer" aus „Schein und Sein" (GA IV, S. 413) heißt es zuletzt:

> Gottlob, es gibt auch stille Leute,
> Die meiden dies Gewühl und hassen's
> Und bauen auf der andern Seite
> Sich eine Welt des Unterlassens.

Der Hintergrund solcher Einstellung ist eine Weltsicht, die Werte wie Glück oder Freiheit als „Negationen der Wirklichkeit" definiert, wie in den „Sprickern" zu lesen (GA IV, S. 542). Otto Nöldeke, Neffe unseres Dichters, berichtet, Busch habe sogar Gott als Negation der Wirklichkeit verstanden. Die Wirklichkeit also ein Unwert, dem es am besten auszuweichen gilt; das Leben ein Karren, der „im Zickzack den Berg herunter[rumpelt]". Und in einem anderen Brief von 1892 formuliert er: „Irgendwo, per Schirm in den Sand gezeichnet, sah ich eine Lebenslinie, die, wo mir recht erinnerlich, etwa so verlief" [folgt eine nach unten weisende Zickzacklinie!]. (553, 890)

In dem Gedicht „Zauberschwestern" aus „Zu guter Letzt" (GA IV,S. 271) wird am Ende ein für Busch typischer Pessimismus deutlich, der doch etwas nachdenklich stimmen muss:

Zwiefach sind die Phantasien,
Sind ein Zauberschwesternpaar,
Sie erscheinen, singen, fliehen
Wesenlos und wunderbar.

Eine ist die himmelblaue,
Die uns froh entgegenlacht,
Doch die andre ist die graue,
Welche angst und bange macht.

Jene singt von lauter Rosen,
Singt von Liebe und Genuss;
Diese stürzt den Hoffnungslosen
Von der Brücke in den Fluss.

Am Ende scheint es keine andere Aussicht zu geben, als den Untergang, und dieser Untergang enthält darüber hinaus ein ganz persönliches Moment im Sinne eines: „Das geschieht *mir!*"

Schopenhauer und der Pessimismus

Eine pessimistische Grundhaltung lässt sich schon im Frühwerk Buschs feststellen. Später beschäftigte er sich mit der Philosophie Schopenhauers und entnahm ihr bestimmte Elemente, die er in sein Weltbild einfügte. Es ist unerlässlich, sich wenigstens kurz mit den hier in Frage kommenden Gedanken vertraut zu machen:

„So sehen wir in der Natur überall Streit, Kampf und Wechsel des Sieges... Die deutlichste Sichtbarkeit erreicht dieser allgemeine Kampf in der Tierwelt, welche die Pflanzenwelt zu ihrer Nahrung hat und in welcher selbst wieder jedes Tier die Beute und Nahrung eines andern wird, d.h. die Materie, in welcher seine Idee sich darstellte, zur Darstellung einer andern abtreten muss, indem jedes Tier sein Dasein nur durch die beständige Aufhebung eines fremden erhalten kann; so dass der Wille zum Leben durchgängig an sich selber zehrt und in verschiedenen Gestalten seine eigene Nahrung ist, bis zuletzt das Menschengeschlecht, weil es alle andern überwältigt, die Natur für ein Fabrikat zu seinem Gebrauch ansieht, dasselbe Geschlecht jedoch auch... in sich selbst jenen Kampf, jene Selbstentzweiung des Willens zur furchtbarsten Deutlichkeit offenbart, und `homo homini lupus´... wird." (WaWuV II, § 27, S. 218f.)

Schopenhauers Pessimismus äußert sich hier in einem ganzen Gemälde des Bösen, – oder des als Böse empfundenen. Das Böse ist ein das ganze Weltgeschehen bestimmendes Prinzip. Und gewissermaßen als Konsequenz dieses Schreckensbildes konstatiert er:

„So ist denn allerdings im Leben alles geeignet, uns von jenem ursprünglichen Irrtum zurückzubringen und uns zu überzeugen, dass der Zweck unsers Daseins nicht der ist, glücklich zu sein. Ja wenn näher und unbefangen betrachtet, stellt das Leben sich vielmehr dar wie ganz eigentlich darauf abgesehn, dass wir uns *nicht* glücklich darin fühlen sollen, indem dasselbe durch seine ganze Beschaffenheit den Charakter trägt von etwas, daran uns der Geschmack benommen, das uns verleidet werden soll und davon wir als von einem Irrtum zurückzukommen haben, damit unser Herz von der Sucht zu genießen, ja zu leben, geheilt und von der Welt abgewendet werde. In diesem Sinne wäre es demnach richtiger, den Zweck des Lebens in unser Wehe als in unser Wohl zu setzen." (WaWuV II, 4. Buch, Kap.49, S. 814f.)

Diese Vorstellung gipfelt in der Forderung: „Der Wille wendet sich nunmehr vom Leben ab: ihm schaudert jetzt vor dessen Genüssen, in denen er die Bejahung desselben erkennt. Der Mensch gelangt zum Zustande der freiwilligen Entsagung, der Resignation, der wahren Gelassenheit und gänzlichen Willenlosigkeit." (WaWuV II, 4. Buch, § 68, S. 515)

Grundeinstellungen dieser Art finden sich verschiedentlich auch bei Busch. 1875 schreibt er an eine Brieffreundin: „Diese Welt... ist ohne Frage mangelhaft; sie besteht durch und durch aus einem unersättlichen Begehren..." usw. (310) – In seiner Prosaschrift „Eduards Traum" lässt er einen Philosophen dozieren: „Der Schmerz ist positiv!... Die Freude ist negativ!" (GA IV, S. 190)

Auch die *Schuldvorstellungen* Buschs, die schon früh in seinem Werk fassbar sind, haben nach der Beschäftigung mit Schopenhauers Denken einen gewissen Wandel erfahren und verraten am Ende die persönlichen Bezüge ihres Autors:

In einer ganzen Reihe von Bildergeschichten erklärt sich „Schuld" stets durch selbstverantwortetes Fehlverhalten. Dieses Verständnis gilt für seine frühen Geschichten wie „Hänsel und Gretel", aber auch noch für solche aus der mittleren Zeit wie die „Jobsiade", bis hin zu den Arbeiten aus den letzten Jahren wie „Plisch und Plum". Charakter und Sinnzusammenhang dieser Geschichten ähneln sich in diesem Punkt.

In der Spätphase von Buschs Schaffen tritt in dieser Hinsicht etwas Neues ein: Der Meister kommentiert seine Werke im Hinblick auf die Schuld ihrer handelnden Personen in einer Weise, die nicht recht zum Charakter seiner Bildergeschichten passen. Zum tragischen Tod seines Unglücksraben „Hans Huckebein" äußert er sich in einem Epilog, dieses Ende sei „seine Schuld und nicht Verhängnis". (GA I, S. 580) D.h. was vielleicht in den Bereich korrigierbarer Missetat gehört, wird in der Rückschau nun zum Dauerzustand einer sündigen Verfasstheit. Das ist exakt Schopenhauers Schuldbegriff, wonach die Schuld des Menschen nicht verursacht, sondern ihm von Anbeginn mitgegeben ist: „Die Wurzel der Schuld [liegt] in unserer essentia et existenzia". Schopenhauer unterscheidet sie ausdrücklich von der biblischen Erbsünde, die erst durch das erste Menschenpaar in die Welt gekommen ist. (WaWuV I, 48, S. 773f.)

Diese Einstellung wird bei Busch noch öfter sichtbar: Februar 1875 schreibt er einer Brief-Freundin: „Ist nicht alles, was lebt, mit gleicher Schuld behaftet?" (250) Und in der Erzählung „Eduards Traum" (1891) wiederholt ein Einsiedler, was vorher schon gesagt wurde: „Das Leben ist eine Schuld! Ich sitze sie ab!" (GA IV, S. 197)

Die Geschichte vom Unglücksraben Hans Huckebein schrieb Busch, bevor er sich mit Schopenhauers Philosophie beschäftigte. Es ist daher kaum anzunehmen, dass Busch mit dieser Gestalt die Verkörperung abgrundtiefer Sündigkeit hat schaffen wollen. Sein Kommentar: „ ...ist seine Schuld und nicht Verhängnis" stammt aus einem Nachruf, den Busch auf Anfragen eines jungen Lesers formulierte. Sie ist also nachträgliche Interpretation. Darin zeigt sich nun nicht nur ein Wandel in der inneren Bewertung, sondern auch ein genereller Wandel in der Betrachtungs*ebene*.

Es sei hier noch einmal zitiert, was Busch über die innere Motivation formulierte, aus der heraus er seine Bildergeschichten verfasst hat: „Fast sämtlich sind sie in Wiedensahl gemacht, ohne wen zu fragen…, zum Selbstpläsier." In der Art und Weise, wie er seinem jungen Leser zum Huckebein antwortet, wird die Ebene des „Selbstpläsiers" verlassen und eine völlig neue, beinahe moralisierende, betreten.

Man begegnet diesem Schritt noch öfter, wenn er z.B. zu „Max und Moritz" Stellung nimmt: Auf eine Anfrage eines jungen Lesers antwortet Busch 1905: „Max und Moritz machten beide, / Als sie lebten, keine Freude…" usw. Und zum Schluss heißt es: „Aber das bedenke stets: / Wie man´s treibt, mein Kind, so geht´s." (HkGA I, Sp. 1304)

Über seine „Fromme Helene" schrieb er später ein ganzes Gedicht, in dem er seiner Titelheldin, die doch so fehlerhaft nicht war, „Schändlichkeit" attestierte. (HkGA II, Sp. 340) Und über seinen Fipps, den Affen, schrieb er 1879: „Kurz, die Taten der Verbrecher / Sind so seine Lieblingsfächer"; und dann: „Wie er war, so ist und bleibt er." (HkGA III, Sp. 168)

Das alles ist untypisch für den Busch der frühen und der Reifezeit; von „Selbstpläsier" ist nicht mehr viel zu spüren. Seine Aussagen deuten unzweifelhaft jetzt auf Schopenhauer. Der „Schändlichkeit" Helenes entspricht Schopenhauers Überzeugung, dass der Mensch im Grunde nichts taugt; und die Feststellung, „wie er [Fipps] war, so ist und bleibt er", verweist auf die vom Philosophen vertretene Meinung von der „Unveränderlichkeit des menschlichen Charakters" (WaWuV II, Kap. 19, Nr. 8, S. 304)

Die Feststellung, dass Busch bestimmte Vorstellungen Schopenhauers teilweise geradezu radikal, und nicht immer zutreffend, übernommen hat, ist nicht neu.[84] In den zitierten Beispielen überschüttet er seine, teilweise doch liebenswerten, Gestalten mit missbilligenden und geradezu abwertenden Urteilen, dass man sich fragen muss, was ihn denn dazu gebracht hat. Auch in seinen Briefen stattet er alles Lebende unterschiedslos mit jener Kraft aus, die Schopenhauer „Wille" nennt, der den Drang zum Dasein, Wohlsein und zum Egoismus – und damit zum Bösen – aufweist. 1897 beschreibt Busch in einem Brief, was in seinem Garten passiert: Unkraut und Ungeziefer will sich seinen Lebensraum schaffen, – Vegetabilien mit „nicht tadelloser Moral". (1153)

Das ist, wenn nicht missverstandener, so doch stark überinterpretierter Schopenhauer, für den es diese Kraft, die alles Leben erfüllt, wohl gab, aber sie ist ohne Zweck und Ziel. Sie offenbart sich im Menschen anders als im Tier und in diesem anders als in der Pflanze: „Im Tiere sehen wir den Willen zum Leben gleichsam nackter als im Menschen… Ganz nackt, aber auch viel schwächer, zeigt er sich in der Pflanze als bloßer, blinder Drang zum Dasein ohne Zweck und Ziel… Diese Unschuld der Pflanze beruht auf ihrer Erkenntnislosigkeit: nicht im Wollen, sondern im Wollen mit Erkenntnis liegt die Schuld." (WaWuV II, § 28, S. 230)

Mit dieser Schuld ist eine Art zwangsläufiger Entwicklung hin zum Bösen mitgemeint, – einer Kraft, in der im Menschen „der Wille zum Leben sich bejaht, welche weit über seine individuelle Erscheinung hinausgeht." (WaWuV I, 4, § 65, S. 498f.) Dieses Böse bewegt sich auf einer Ebene, die von dem Bösen einer bürgerlichen Moral allerdings grundverschieden ist. Möglicherweise bezog sich Busch darauf, als er noch im Jahr 1900 in einem Brief polemisierte: „Was aber die zwei Worte `gut´und `bös´ betrifft, so halt ich´s für meine Person nicht für angemessen, ihnen den altererbten moralischen Sinn zu rauben." (1264)

Damit zieht Busch den schopenhauerschen Begriff von „gut und böse" auf die Ebene bürgerlicher Normalität herab. Sein Bekenntnis klingt fast wie Wohlgefallen am Banalen. Warum folgt er seinem Lehrmeister in dieser Hinsicht nicht? Seine Übereinstimmung mit Schopenhauers Philosophie scheint bei genauer Betrachtung lückenhaft gewesen zu sein. Er hat, wie z.B. schon Ehrlich festgestellt hat, die Lehre von der Willensabkehr und die Forderung nach Askese für unrealistisch gehalten und gelegentlich sogar ironisiert. [85)] Es stellt sich dann doch die Frage, wozu Busch die Philosophie Schopenhauers, bzw. Teile davon, eigentlich brauchte.

Es ist oben dargelegt worden, dass Busch entschieden an der schopenhauerschen Idee, alle Wesen seien mit einer gemeinsamen Schuld ausgestattet, festhielt. Nun taucht aber das Motiv der Schuld schon in den frühen Bildergeschichten auf, also zu einer Zeit, als Busch Schopenhauers Lehre noch gar nicht kannte. Es zieht sich kontinuierlich bis ins Spätwerk und bleibt auch in seinem Charakter bestehen. Es muss sich hier also um eine völlig andere Schuldvorstellung handeln. So gehören die späteren Stellungnahmen unseres Autors zu seinen Bildergeschichten, wie oben dargestellt, auch in eine ganz andere, nämlich bürgerlich-moralisierende Ebene. Da klingt es fast so, als wolle er jeden Verdacht einer heimlichen Sympathie mit seinen „Bösewichten" vor seinen jugendlichen Lesern vermeiden. Nicht ausgeschlossen, dass er sich tatsächlich auch selbst in Verdacht hatte.[86]

Mehr und mehr würde danach deutlich, dass die Bildergeschichten in erster Linie Aufarbeitungsversuche seiner eignen Konflikte und inneren Belastungen darstellen, die er öffentlicher Diskussion in jedem Fall entziehen wollte. Seine Bemerkung einem Neffen gegenüber, der sich für das „Julchen" interessierte: „Du hättest auch was Besseres zu tun, als so dummes Zeug unter die Nase zu nehmen"[87], wäre dann Ausdruck einer Angst, seine Nöte vor anderen ausgebreitet zu sehen, einer „Schamangst"[88], für die seine fortdauernden Schuldgefühle die Ursache gewesen sein könnten. Um dieser Belastung Herr zu werden, kettete er sich an die, freilich anders definierten, Schuldvorstellungen Schopenhauers, mit der seine eigenen Vorstellungen dann eine rationale Begründung erfahren sollten. „Ist nicht alles, was lebt, mit gleicher Schuld behaftet?" schreibt er 1875 an eine Bekannte. (250)

Welcher Art waren dann aber die Schuldgefühle, für die Busch eine Rationalisierung brauchte? Es scheint, als ob seine Erzählung vom „Schmetterling" (1895), die so unübersehbar viele Parallelen zu seinem Leben aufweist, einige Auskünfte geben kann: Peter, die Hauptperson dieses Prosastückes, kehrt am Ende seiner Lebensreise zum väterlichen Haus zurück und gesteht: „... es hatte sich, um es zart auszudrücken, meine Seele umgekrempelt nach innen. Ich wollte arbeiten; ich wollte geduldig ausessen, was ich mir eingebrockt hatte." (S. 262)

110

Von irgendwelchen Verfehlungen, auf die sich Peter hier bezieht, ist in der ganzen Erzählung so gut wie nichts enthalten. Er hatte nur Peinigungen erlebt. Sehr wahrscheinlich, dass Busch hier selber spricht. Aber jetzt ist es nicht die Mutter, der gegenüber er sich schuldig fühlt, wie oben ausführlich dargestellt, sondern der Vater, der in der Erzählung bereits gestorben ist. Wilhelms Entschluss, die Technische Hochschule in Hannover, auf die ihn der Vater einst geschickt hat, zu verlassen, muss ein Wagnis gewesen sein, dessen Schwere dem Sohn vielleicht erst spät deutlich geworden ist.

Nur mäßig verkleidet taucht dieses Ereignis im „Maler Klecksel" wieder auf. Dem Kuno, der Hauptgestalt in dieser Bildergeschichte, gefällt es nicht bei seinem Meister, dem Maler und Anstreicher Quast. Der Lehrjunge verlässt Haus und Werkstatt heimlich, nachdem er seinem Lehrherrn eine schikanös errichtete Pyramide aus Töpfen und anderem Geschirr hinterlassen hat, über die der Maler dann auch prompt stolpert: „Froh schlägt das Herz im Reisekittel, / Vorausgesetzt man hat die Mittel..." Kuno sieht man inzwischen mit geschultertem Ränzel wohlgemut in den Bildhintergrund entschwinden. (→ Abb. 7) Im nächsten Kapitel erfährt der Leser, dass sich Kuno auf der Kunstakademie eingeschrieben hat und den Vater um Geld angehen muss.

Das ist nun fast wörtlich eine Parallele zum Leben des jungen Wilhelm. Dieser schied bekanntlich beinahe im Unfrieden von seinem Vater; seine Mutter hat ihm heimlich noch etwas Geld mit auf den Weg gegeben. Die Darstellung dieses Vorgangs in einer Bildergeschichte zeigt die innere Belastung, die für den Autor damit verbunden gewesen sein muss. Und sie ist mehr als nur eine dramatische Schilderung eines tatsächlichen Vorgangs; sie ist Symbol für den Versuch, die Ablösung von einem Elternteil (oder beiden) zu vollziehen, eine Trennung von „Ich und Objekt". Das Ich „bemüht sich, vom tyrannischen Objekt loszukommen." [89] Normalerweise findet diese Trennung in der Entwicklung von jungen Menschen etwas früher statt. In Buschs Leben stellt diese Devise „Jetzt fang´ ich etwas Neues an" einen krisenhaften Vorgang dar, der von symbolischer Zerstörung des alten Umfeldes begleitet wird. [90]

Genügt das aber, um sich so schuldig zu fühlen? Der Überlegung wert scheint doch aber, was der Dichter dem Leser im „Schmetterling" an anderer Stelle versteckt mitteilt. Peter jagt lange Zeit unverdrossen einem schönen Schmetterling nach, den er fangen möchte. „... da saß er schon wieder, drei Schritt weit weg, mein kunterbunter Schmetterling, auf einem violetten Distelkopfe, und fächelte und ließ seine ausgebreiteten Flügel verlockend in der Sonne schimmern. Mit kunstvoller List schlich ich näher. Vergebens. Genau eine Sekunde vorher, eh ich ihn erreichen konnte, flog er ab wie der Blitz, und dann noch einmal... `Zu dumm!´ dacht ich laut, denn ich war sehr erhitzt. `So ein klein winzig Luder; will sich nicht kriegen lassen; ist extra zum Wohle des Menschen geschaffen und verwendet doch seine schönen Talente nur für die eigenen selbstsüchtigen Zwecke.´" (GA IV, S. 217)

Vielleicht könnte auch das eine Anspielung auf ein höchst persönliches Problem des Autors selbst sein. Busch verehrte seit seinem Studium die alten Meister der holländischen Malerei. Bis ins Alter hinein versuchte er immer wieder, seine Vorbilder malerisch zu erreichen, was er nach eigenem Eingeständnis dann doch nicht schaffte. Am Ende stand schließlich die Einsicht in eine Vergeblichkeit. Die Formulierung „zum Wohle der Menschen geschaffen" und „Verwendung seiner Talente nur für die eigenen selbstsüchtigen Zwecke" könnte ein bitterer Selbstvorwurf des Autors sein, in seiner Malerei das falsche Vorbild gewählt zu haben und ihm ein Leben lang nachgelaufen zu sein, ohne sich seiner Umwelt zu öffnen. Da „malte er nur noch so vor sich hin" berichtete einer seiner Neffen [91] Genug, um sich vor dem Vater, den er enttäuschte, zumindest aber vor sich selbst schuldig zu fühlen. (→Kap. „Die Malerei")

Der Glaube an die Wiedergeburt

In Frankfurt am Main hatte Busch die Philosophie Arthur Schopenhauers kennen gelernt. Es ist oben dargelegt worden, in welchem Maße das Motiv der Schuld, das in Schopenhauers Denken eine zentrale Rolle spielt, Busch dauerhaft bewegt hat.

Danach ist jeder Mensch von Geburt an mit Schuld beladen. Nach seinem Tod wandert seine Seele aus ihrem bisherigen Lebenskreis heraus und tritt in den eines anderen Individuums, vielleicht auch eines Tieres oder einer Pflanze. Aus den altindischen Veden stammt die Vorstellung, dass die neue Form dieses Weiterlebens von den Verdiensten des Menschen oder seinem Versagen, also seiner Schuld abhängt. Die Wiedergeburt bleibt dem Menschen lediglich nach totaler Läuterung erspart, die er nur durch Verzicht erreicht.[92]

Teile dieser Weltanschauung treten immer wieder in schriftlichen Zeugnissen oder mündlichen Aussagen Wilhelm Buschs auf. „Der Glaube an Seelenwanderung kommt mir wirklich recht verständig vor und höchst erbaulich dazu", schreibt er im Jahr 1875 an seine Briefpartnerin Frau Anderson. Und: „Der Gedanke an den Tod scheint mir deshalb meistens so verdrießlich, weil der... Einen in eine *neue Haut* steckt, von der man nicht weiß, ob sie besser ist als die, welche man ausgezogen." (285)

Noch 1897 schreibt er seiner jugendlichen Bekannten Grete Meyer: „... wer stirbt, ist keinen Augenblick todt, sondern wühlt und ampelt drunten im Dunkeln gleich weiter, um wieder zu erscheinen als das, was er seinem Charakter, seiner Natur nach zu sein wünscht... Wer viel und gut essen möchte, bringt's vielleicht bloß zum Engerling, zum gefräßigen Maikäfer; wer musikalischen Drang verspürt, wird etwa nichts weiter wie ein zirpender Heuschreck oder ein nüdlicher Piepvogel. Ein bedenklicher Rückschritt. Denn nur der Mensch mit seinem weitläufigen Intellekt (–Hirn) kann die

Mängel der Welt durchschaun, kann austreten aus dem Geschäft, kann sich zur Ruhe setzen im seligen Nirgendwo." (1149)

Die Vorstellungen von dieser Welt als einem Irrtum (501), von der Schuldbeladenheit des Menschen und von der Seelenwanderung durchziehen nicht nur seine Briefe, sondern finden sich andeutungsweise auch in seinen Werken. In seiner Prosa-Erzählung „Eduards Traum" (1891) heißt es einmal: „Das Leben ist ein Irrtum! Ich denke ihn weg!"; und ein andermal: „Das Leben ist eine Schuld! Ich sitze sie ab!" (GA IV, S. 197)

Mag der Brief an Grete Meyer auch etwas scherzhaft klingen und die Aussage in „Eduards Traum" in eine Märchenwelt entrückt sein, wird doch in einer seiner Bildergeschichten eine versteckte, aber vitale Angst vor dem Phänomen Wiedergeburt deutlich. In den „Abenteuern eines Junggesellen" sitzt Knopp bei einem Herrn Sauerbrod, der vor kurzem seine Frau verloren hat und ihren Leichnam einstweilen im Nebenzimmer untergebracht hat. Während er beim Punsch seinem Gast ausführlich die Plagen des Ehestandes schildert, starrt dieser unverwandt auf die Tür des Nebenzimmers.

> Knarr! – da öffnet sich die Thür.
> Wehe! Wer tritt da herfür.
> Madam Sauerbrod, die schein-
> Todt gewesen, tritt herein.
> Starr vor Schreck wird Sauerbrod.
> Und nun ist er selber todt.

Knopp selbst steht wie entgeistert vor dieser „Erscheinung" und rennt wie in Panik davon. (GA III, S. 64ff.) Es ist das einzige Mal in den stereotypen Bildrefrains dieser Bildergeschichte, wo das Unbehagen Knopps derart bedrohliche Formen annimmt. Sind es am Ende Buschs eigene Ängste?

Immer wieder ist Busch mit dem Gedanken an Schuld, Tod und Wiedergeburt umgegangen. In der Sammlung „Dideldum" schildert er in der Geschichte „Der Maulwurf" den verzweifelten Kampf eines Gärtners gegen das schwarze „Untier", das ihm die Beete zerwühlt. Schließlich siegt der Gärtner; er erschlägt den Maulwurf, von dem es abschließend heißt: „Da liegt der schwarze Bösewicht / Und wühlte gern und kann doch nicht; / denn hinderlich, wie überall, / Ist hier der eigne Todesfall." (GA II, S. 451ff.)

Es scheint so, als ob Busch mit dem Ausdruck „Bösewicht" ein moralisches Urteil fällen möchte und als ob der Tod dieses Tieres die gerechte Strafe für seine zerstörerische Tätigkeit darstellt. Selbst wenn man hierin ein Quantum Ironie entdecken will und die damit verbundene Distanzierung des Autors zu seinen Geschöpfen einrechnet, scheint doch das Motiv der selbst verschuldeten Strafe Bestand zu haben.

Nicht nur Tiere unterliegen bei Busch einer bestimmten Art von gleichsam menschlicher Moral. Auch Pflanzen werden in diesen Wertebereich mit einbezogen. In einem Brief an Lenbach aus dem Jahr 1897 spricht ihnen Busch sogar eine „tadellose Moral" ab, womit er das „Unkraut" in seinem Garten anspricht! Heißt das aber, dass Busch all´ diese Tiere und Pflanzen mit in die Wiedergeburtslehre einbezieht? Man wird seinen Aussagen in diesen Bereichen wohl mit Vorsicht begegnen müssen. So schrieb er 1875 an Frau Anderson: „Glaub ich an die alte, gute, ehrliche, biedermännische Lehre von der Seelenwanderung? So ganz doch nicht! Aber ich fühle, dass Wahrheit *dahinter* steckt, wie hinter andern Religionen oder Mythologien. Ich sehe die ´Wahrheit im Gewand der Dichtung`." (295)

Dichterisch äußerte er sich überhaupt über Leben und Tod in der ihn umgebenden Natur: So schreibt er einmal an Lenbach: „Der sausende Winter schiebt ab. Von den Knospen der Gesträuche lösen sich die schützenden Hüllen. Die ersten Blumen versuchen die Welt wieder bunt zu machen. Das kleine aus der Fremde zurückgekehrte Singgeflügel zwitschert in allen Bäumen herum und gesellt sich allmählich zu Paaren. Also die alte Geschichte kann nochmals losgehen, wie seit undenklichen Zeiten. (1346)

Und an Nanda Kessler schrieb er er 1907: „Bei uns lag lange fein sauberer Schnee. Nun ist er weggeschmolzen bis auf wenige Reste. Wenn ich im Garten spatziere, bemerk ich schon dies und das, was sich langsam anschickt zu blühen z.B. Christrosen und Seidelbast. Noch immer, so alt ich auch wurde, erscheint mir dergleichen doch neu und spaßhaft, wie vor 10000 Jahren." (1570)

Ein Atem beseelt die irdische Materie und verlässt sie wieder. Für Busch war das nicht nur ein poetisches Bild, sondern eindringliche Wirklichkeit. Kurz vor seinem Tod, den er nahen fühlte, schrieb er an eine gute Freundin: „Ich stehe auf der Grenze von Hier und Dort, und fast kommt es mir vor, als ob beides dasselbe wäre". (1618)

Nicht nur das Sterben, sondern auch die beginnende Verwesung eines soeben Gestorbenen hat Busch literarisch verarbeitet. In seiner autobiografischen Schrift „Was mich betrifft" beschreibt er den Bettelvogt aus der Ortschaft seiner Kindheit: „Zwei flachsköpfige Buben, sehr bewandert in Obstangelegenheiten, besuchen grad zufällig in einem schattigen Garten einen berühmten Sommerbirnenbaum, um eben mal nachzusehen, wie die Sachen da liegen. – Der alte Danne [der Bettelvogt] liegt darunter. – Speer im Arm; still, bleich, gradausgestreckt; Mund offen; zwei Fliegen kriechen aus und ein. Der alte Danne ist tot". (GA IV, S. 156)

Gerade das, was so unappetitlich wirkt – die Verwesung –, trägt schon die Überwindung des Todes in sich. Der Leichnam des einen Lebewesens wird zur Nahrungsquelle für das andere. Busch hat dieses Naturgesetz an anderer Stelle deutlicher angesprochen: „Auch hat ja das Ungeziefer so wie so seine Feinde. Eine winzige Schlupfwespe, sah ich, legt ihre Eier in die lebendigen Blattläuse, obgleich diese dabei gar unwillig ablehnend mit dem Bürzel wackeln". (1072)

Der Tod scheint bei Wilhelm Busch nicht die Beendigung von etwas, sondern das Hinübergehen von einem Zustand in den nächsten, – von einer

Welt in eine andere. Im hohen Alter fand er für sich selbst die eben zitierte Formulierung, dass er auf der Grenze von Hier und Dort stünde und dass ihm beides als dasselbe dünkte.

Einmal hat er diesen, gleichsam stufenlosen, Übergang auch in einer Bildergeschichte dargestellt, – vielleicht etwas unbeabsichtigt. „Eine kalte Geschichte" aus der Sammlung „Die Haarbeutel" schildert den weinselig im nächtlichen Kälteeinbruch heimkehrenden Meister Zwiel, wie er seine Haustür nicht aufbekommt, in eine Wassertonne kippt und im einsetzenden Schneefall einschläft und erfriert.

Die Tragödie wird in mehreren Szenen durchgespielt. Der Fall in die Tonne, die Apathie des Einschlafenden, der Schnee, der sich langsam über den Eindämmernden legt, der Nachtwächter, der um Mitternacht durch den nun schon tiefer liegenden Schnee stapft mit seinem (hier besonders makaber anmutenden) Ruf „bewahrt das Licht!"; dann das trübe Morgengrauen, wo der Schneefall aufgehört hat und die ersten Lieferanten sich einstellen: Die Milchfrau, die mit Erschauern die Frostruine des Hausherrn wahrnimmt... Zwiel ist zu dieser Zeit natürlich längst tot, aber man weiß nicht genau, wann der Tod eingetreten ist. Diese Geschichte hat so viel Gleichnishaftes, dass ihre Bedeutung über die eines Trinker-Schauerstückes hinausgeht. (GA III, S. 256ff.)

Erst spät gelangte Busch zu einer Haltung, die ihn mit dem ganzen Problembereich geläuterter umgehen ließ. In der 1904 erschienenen Gedichtsammlung „Zu guter Letzt" (S. 328f.) findet sich ein langes Gedicht über einen Maulwurf, der mit seiner Arbeit „unter Tage" vorgestellt wird und den sein „Höhensinn" dazu treibt:

...zu seines Namens Ruhm und Ehr
Gewölbte Tempel zu entwerfen,
Um denen draussen einzuschärfen,
Dass innerhalb noch einer wohne,
Der etwas kann, was nicht so ohne.

Mit Baulichkeiten ist es misslich.
Ob man sie schätzt, ist ungewisslich.
Ein Mensch von andrem Kunstgeschmacke,
Ein Gärtner, kam mit einer Hacke.

Durch kurzen Hieb nach langer Lauer
Zieht er ans Licht den Tempelbauer
Und haut so derb ihn übers Ohr,
Dass er den Lebensgeist verlor.

Da liegt er nun, der stolze Mann.
Wer tut die letzte Ehr ihm an?
Drei Käfer, schwarz und gelb gefleckt,
Die haben ihn mit Sand bedeckt.

Es ist kaum zu übersehen, dass Busch sich mit diesem Gedicht auf die kleine Bildergeschichte aus „Dideldum" bezog und seine Meinung hinsichtlich der moralischen Einschätzung vom Bösen in diesem Tier korrigieren wollte. Der Maulwurf ist nun kein Bösewicht mehr; er wird als fleißig und fähig angesehen. Sein Tod stimmt traurig, und er verdient eine letzte Ehre. Seine Beerdigung durch die Totengräber-Käfer verbrämt einen Naturvorgang, der dem Tod einen biologischen Sinn gibt: Vom Leichnam eines Tieres können wiederum andere Tiere eine Zeit lang leben und sich entwickeln.

In der Wiederaufnahme dieses Motivs wird ein grundsätzlicher Wandel im Todesverständnis Wilhelm Buschs fassbar: Aus der moralischen Bewertung eines Geschehens, in dem der Preis für eine Sündhaftigkeit enthalten ist, wird ein Naturverständnis, das den Tod als Teil eines Werdens sieht – besser: das den Tod in den Kreislauf von Leben und Vergehen stellt.

Da wird vielleicht auch die Ohrwurm-Episode aus dem „Balduin Bählamm" einsichtiger, in der der verhinderte Dichter dieses harmlose Tier zertritt, was in aller Unappetitlichkeit gezeigt wird: „... Ein Winkelzug / Von Bählamms

Bein, der fest genug, / Zerstört die Form, d.h. so ziemlich, / Die diesem Wurme eigentümlich, / Und seinem Dasein als Subjekt / Ist vorderhand ein Ziel gesteckt." Nur die *Form* wird zerstört; dem Dasein ist nur *vorderhand* ein Ziel gesteckt! Das könnte heißen: Irgendwie geht auch dieses Leben weiter. (GA IV, S. 44)

17: Zeichnung eines toten Hasen, 1892. (GA IV, S. 379)

Im „Heiligen Antonius von Padua" verzichtet die Titelfigur schließlich ganz auf die Welt und lebt als Eremit tief im Wald „und betet, bis er schier verdorrt, / Und ihm zuletzt das wilde Kraut / Aus Nase und aus Ohren schaut." (GA II, S. 132) .

Dieses Bild vom langsamen Übergang menschlichen Lebens in die Natur und in den nahen Tod greift Busch noch einmal in „Eduards Traum" auf, wo er ganz ähnlich einen Klausner schildert. (GA IV, S. 197) Das Bild eines Menschen in dieser Situation scheint in seiner Symbolkraft zu ernst, als dass man es mit der sonst üblichen Satire-Brille betrachten dürfte.

Sehnsucht nach dem Nichts

Das Nachdenken über den Tod und die Wiedergeburt mündet am Ende in die Sphäre des Nichts, wo es weder Gelingen noch Versagen gibt. So heißt es bei Schopenhauer: „So wollte ich..., dass man mich in der Ruhe des allgenugsamen Nichts gelassen hätte, wo ich weder Lektionen noch sonst etwas nötig hatte." [93)] Und in seinen „Parerga und Paralipomena" liest man: „[Der Tod ist] nicht zu betrachten als der Übergang zu einem uns ganz neuen und fremden Zustande, vielmehr nur als der Rücktritt zu dem uns ursprünglich eigenen, als von welchem das Leben nur eine kurze Epoche war." (P. II,10 § 140, S. 289)

Dieser Vorstellung von einem vorgeburtlichen Zustand des reinen Nichts schließt sich Busch an. 1875 lesen wir in einem Brief: „Der Zustand vor jedem Dasein war besser, war unsere Heimat. Je nachdem die Ahnung davon einen Menschen mehr oder weniger durchdämmert, wird er seinem Wollen... die Entsagung, die Umkehr entgegensetzen." (310) – Aus dem Jahr 1900 stammt die Bemerkung: „Vielleicht waren wir frei *vor* Raum und Zeit, vielleicht werden wir's wieder *nach* Raum und Zeit." (1261)

Diesem Gedanken gab er einmal sogar dichterischen Ausdruck. In „Schein und Sein", in dem Gedicht „Bös und Gut" (GA IV, S. 418f.), lesen wir:

Wie kam ich nur aus jenem Frieden
Ins Weltgetös?
Was einst vereint, hat sich geschieden,
Und das ist bös.

Nun bin ich nicht geneigt zum Geben,
Nun heißt es: Nimm!
Ja, ich muss töten, um zu leben,
Und das ist schlimm.

Doch eine Sehnsucht blieb zurücke,
Die niemals ruht.
Sie zieht mich heim zum alten Glücke,
Und das ist gut.

Diese Ideen finden sich auch noch an anderen Stellen. In einem Brief spricht er von einer „Nulldimension": „Ich denke mir z.B. Garnichts, aber hübsch rund, nenne es Punkt, lege mich daneben und ruhe nun im stillen, mäßig beleuchteten Grunde meiner Seele, dem einsamen Aufenthaltsort jenes nulldimensionalen Wesens, vorläufig ein wenig aus. Indem ich hierauf meinen Punkt der Länge nach, ohne zu wackeln, ganz ehrbar spatzieren führe, beschreib ich eine grade Linie und bilde so die gefahrlose Straße der ersten Dimension... Ich lupfe die Ebene in die Höh und... ein mathematischer Körper ist auferbaut. Drin kann ich nun nach drei Dimensionen, ganz unbehindert vom Gesetz der Schwere,... auf und nieder flattern... Aber man muss doch sehr aufpassen. – Sowie der mathematische Körper ein physischer wird, ... ists mit der Gemütlichkeit aus... Ich eile an die Grenze (d.h. dahin, wo Was aufhört und noch Nichts wiederanfängt), bleibe da über Nacht, ... lege mich in die Dünen – ... und schweb ich mit geöffnetem Munde durch die vierte, fünfte und sechste Dimension dem bekannten siebten Himmel zu, wo es denn auch ganz ebenso schön ist, wie in der Heimath des Punktes." (487)

Diese Motive finden sich in bemerkenswerter Ähnlichkeit in Buschs Prosa-Erzählung „Eduards Traum" wieder: „Ich war nicht bloß ein Punkt, ich war ein denkender Punkt. Und rührig war ich auch. Nicht nur eins und zwei war ich, sondern ich war dort gewesen und jetzt war ich hier. Meinen Bedarf an Raum und Zeit also macht ich selber, ganz en passant, gewissermaßen als Nebenprodukt. – Flink sprang ich auf und frei bewegt ich mich. Es war eine Bewegung nach Art der Schwebefliegen... Empfahl ich mich umgehends mit einem lustigen Vertikalsprunge nach oben durch den Plafond und atmete auf im dreidimensionalen Raume, wo stereometrische Freiheit herrschte..." (GA IV, S. 160, 167)

Was hier wiederum deutlich wird, ist das alte, oben beschriebene, Bemühen, sich vom „Objekt" zu lösen und materiefrei über den Dingen zu schweben. Letztlich endet diese Vorstellung in einer „Nulldimension", die einem Zustand entspricht, der auf dieser Welt nicht erreicht werden kann, den es aber *vorgeburtlich* gegeben haben muss. Wahrscheinlich ist das folgende Gedicht aus der „Kritik des Herzens" (GA II, S. 523) nur noch so zu verstehen:

Du hat das schöne Paradies verlassen,
Tratst ein in dieses Labyrinthes Gassen,
Verlockt von lieblich winkenden Gestalten,
Die Schale dir und Kranz entgegenhalten;
Und unaufhaltsam zieht's dich weit und weiter.
Wohl ist ein leises Ahnen dein Begleiter,
Ein heimlich Graun, dass diese süßen Freuden
Dich Schritt um Schritt von deiner Heimat scheiden,
Dass Irren Sünde, Heimweh dein Gewissen;
Doch ach umsonst! Der Faden ist zerrissen.
Hohläugig fasst der Schmerz dich an und warnt,
Du willst zurück, die Seele ist umgarnt.
Vergebens steht ob deinem Haupt der Stern.
Einsam, gefangen, von der Heimat fern,
Ein Sklave, starrst du in des Stromes Lauf
Und hängst an Weiden deine Harfe auf.
Nun fährst du wohl empor, wenn so zuzeiten
Im stillen Mondeslichte durch die Saiten
Ein leises, wehmutvolles Klagen geht
Von einem Hauch, der aus der Heimat weht.

Solche Töne gehen nun doch weit über das hinaus, was Schopenhauer geschuldet sein könnte. In der Deutung dieses Gedichtes sind verschiedene Wege gegangen worden. So vermutete man hier den „gute(n) Kinderglaube(n) als letzte Zuflucht des Dichters". Dann wohl auch die Erinnerung Buschs an den Verlust der Kindheit mit dem traumatischen Erleben der Trennung vom Elternhaus. Ein Kindheitstrauma wird dem Autor hier ganz sicher die Feder geführt haben. Doch legt der Duktus des Ganzen noch eine andere, tiefer gehende Deutung nahe.

Die heutige Psychoanalyse kennt den Begriff „pränatale Existenz". Sie bestimmt Teile der Vorstellung im Menschen, welche eine Zeit vollkommener Glückseligkeit begreift, in der der Fötus in der Lage war, sich omnipotent und einzigartig zu fühlen. „Der Mensch trägt die Prägung dieses Zustandes in sich, trägt gewissermaßen dessen Stempel, und sein postnatales Leben besteht aus einer Reihe von Versuchen, das verlorene Paradies der vorgeburtlichen Zeit wiederzugewinnen."[94] Man nimmt an, „dass wir alle die Phantasievorstellungen einer urtümlichen Harmonie in uns tragen, auf die wir eigentlich einen Anspruch hätten, die aber entweder durch unsere eigene Schuld, oder durch Machenschaften der anderen oder durch grausames Geschick zerstört wurde."[95]

Der Wortlaut des Gedichts stellt einen auffallenden Bezug zu diesen Aussagen her. In der Formulierung „ Du willst zurück" könnte man die Sehnsucht erkennen, „auf das sichere Fundament früherer, prätraumatischer Entwicklungsphasen zurückzukehren in der Hoffnung auf einen Neuanfang."[96]

Wie wäre ein solcher Wunsch bei Wilhelm Busch zu erklären? Er trug ein idealisiertes Mutterbild in sich, d.h. die unmittelbare Nähe und Geborgenheit, die jedes Kind von der Mutter erhofft, hat er nicht erfahren. Ein derartiger Zustand schien ihm in der pränatalen Existenz noch am ehesten erreichbar.

Die Rückkehr Buschs in sein Heimatdorf könnte Ausdruck des Verlangens sein, ein Stück der Jugendzeit wieder herzustellen, das ihm durch die Entfernung aus dem Elternhaus verloren gegangen war,– mithin ein deutliches Anzeichen endgültigen Scheiterns eines autonomen Lebenskonzeptes. Das Fehlen eines solchen Konzeptes birgt die Gefahr falscher Vorbilder in sich. Wilhelm Busch ist dieser Gefahr nicht entgangen. Seine

Auseinandersetzung mit der holländischen Malerei zeigt die vergebliche Suche nach einem eigenen Stil.

Die Malerei

Der Entschluss des jungen Wilhelm, ohne Einwilligung des Vaters an einer Kunstakademie Malerei zu studieren, beweist neben beträchtlicher Selbstsicherheit auch Furchtlosigkeit vor dem, was ihn erwartete. In Antwerpen wurde er zum ersten Mal mit der flämischen Malerei konfrontiert. In sein Tagebuch schrieb er am 26.6.1852 [97]: „Von diesem Tage an datire sich die bestimmte Gestaltung meines Charakters als Mensch und Maler. Es sei mein zweiter Geburtstag."

Noch 1866 formulierte er in seiner autobiographischen Schrift „Was mich betrifft": „In Antwerpen sah ich zum erstenmal im Leben die Werke alter Meister: Rubens, Brouwer, Teniers! später Frans Hals. Ihre göttliche Leichtigkeit der Darstellung, die nicht patzt und kratzt und schabt, diese Unbefangenheit eines guten Gewissens, welches nichts zu vertuschen braucht, dabei der stoffliche Reiz eines schimmernden Juwels, haben für immer meine Liebe und Bewunderung gewonnen, und gern verzeih ich's ihnen, dass sie mich zu sehr geduckt haben, als dass ich's je recht gewagt hätte, mein Brot mit Malen zu verdienen, wie manch andrer auch." (GA IV, S. 150)

Mit diesem Erlebnis muss auch ein empfindlicher Dämpfer für die eigenen Fähigkeiten und für das Selbstbewusstsein des jungen Mannes verbunden gewesen sein. Das „gern verzeih ich's ihnen" klingt nicht ganz glaubhaft. Die bewunderten Meister haben ihn vielmehr so sehr geduckt, dass aus Bewunderung für sie eine lebenslange Zwangsvorstellung wurde. Seine Malerei war zu allen Zeiten überwiegend von holländischen Vorbildern bestimmt. So beteuerte er 1878 brieflich einem Freund gegenüber: „Aus meiner niederländischen Haut werde ich aber wohl niemals heraus können." (843) Nie war er mit den Ergebnissen seiner Bemühungen zufrieden: „Selbst kann ich das Zeugs nicht empfehlen." (1086) Einem Besucher, der seine Bilder musterte, riet er: „Sehen Sie sich das Zeug nicht genauer an; ich bin nicht stolz darauf." [98]

Seine Neffen, die einen Teil seiner Bilder vor dem Untergang gerettet hatten, beobachteten ihren Onkel bei der Malerei: „... malte dann Busch nur noch so ganz allein für sich, für niemand sonst, für sich aber fleißig und viel... Die meisten Bilder sind solche Skizzen, die niemals darauf berechnet waren, vom Publikum geschaut zu werden." [99] Immer wieder griff er Motive der flämisch-holländischen Malerei auf, – von Brouwer, Hals und Rembrandt. Sie bildeten „sein Leben lang den Untergrund seiner künstlerischen Gestaltung"; sein Leben als Maler war geradezu „von einem tragischen Schatten begleitet". [100] Kritischere Aussagen gehen gar so weit, die flämische Kunst habe ihn regelrecht gelähmt, so dass er an seinen eigenen Fähigkeiten zweifeln musste. [101] Am Ende heißt es gar, Busch sei „als Maler letztlich gescheitert". [102]

Es war das falsche Vorbild, – das zu hoch gesteckte Ziel, das Busch daran gehindert hat, seine eigene Entwicklung einzuschlagen und schließlich zu *seinem* Stil zu finden. Dettweiler, der aufgrund graphologischer Studien eine „stabile Selbstbehauptung" bei Busch vermisste, vermutete erste Depressionen nach seinem Antwerpener Aufenthalt: „Es passt ins Gesamtbild, dass Busch dort vor den Werken der großen niederländischen Maler verzagte: Das schaffst du nie!" [103] Das Vorbild wurde so hoch gewählt, dass ein Erreichen von vornherein unmöglich werden musste. Warum aber diese Übersteigerung? Sein Bekenntnis nach dem flämischen Erlebnis „es sei mein zweiter Geburtstag" lässt vermuten, es habe für ihn keinen vollgültigen *ersten* gegeben. Musste der zweite als „Ersatz" eintreten und sich dann als dauerhaft erweisen?

Es ist oben dargelegt worden, in welchem Maße Buschs Kindheit belastet war durch das nicht ganz konfliktfreie Mutter-Sohn-Verhältnis, in dem der Grad der Zuwendung offenbar fehlte, durch die sich ein Kind letztlich angenommen fühlt. Die Idealisierung, d.h. die Versetzung des Mutterbildes in eine ungreifbare, verklärte Sphäre, mag bei Busch die Ursache für das Gefühl eines Mangels an Geborgenheit gewesen sein. Das Idol, das sich ein Mensch dann selber schafft, muss diese Leere ausfüllen.

Idole haben den Charakter des Unerreichbaren. Das kann später in Resignation münden. Studiert man die Ölgemälde Buschs da, wo sie eigene Ideen enthalten, sich also nicht an den bewunderten Holländern orientieren, werden solche Züge spürbar. In seinen Landschaftsbildern herrschen düstere, depressiv anmutende Farben vor. Die Bildthematik engt sich im Lauf der Zeit immer mehr ein; auf Außenwirkung sind sie kaum noch angelegt: Er malte eben „nur noch so ganz allein für sich, für niemand sonst", wie einer seiner Neffen mitteilte. Auch für den Laien ist das depressive Element in Buschs Ölbildern unschwer zu übersehen. Erst im Spätwerk gewinnen seine Bilder Züge, die in eine neue, eigene Richtung weisen. Aber sie sind handwerklich unvollkommen.

Ist ein Urteil, Busch sei mit seiner Malerei „letztlich gescheitert", in dieser endgültigen Form wirklich vertretbar? Busch hat selber unterstützende Aussagen dazu geliefert: „Selbst kann ich das Zeugs nicht empfehlen"; und: „Sehen Sie sich das Zeug nicht genauer an; ich bin nicht stolz darauf." Sollte seine Bildergeschichte vom gescheiterten Kunststudenten „Maler Klecksel" vielleicht sogar ein heimliches Selbstbekenntnis sein? Hans Ries warnt allerdings davor, in dessen Bildergeschichten allzu viel Autographisches entdecken zu wollen. Aber es drängen sich doch immer wieder Parallelen im Leben des Autors und dem des Malers Klecksel auf. Der Abbruch der anfangs begonnenen Beschäftigung, die finanziellen Nöte, die ungeliebten Studien antiker Plastiken und schließlich auch der hohe Bierkonsum, – all´ das lässt sich hier wie da feststellen. Es möge offen bleiben, ob Busch sich in dem gescheiterten Titelhelden vollends selbst hat darstellen wollen.

Fließende Grenzen

Ölmalerei, Bildergeschichten, Gedankenlyrik und Prosa – verschiedene Darstellungsebenen, auf denen sich Busch mitteilte. Mit seiner Malerei war er nie zufrieden; von seinen Bildergeschichten distanzierte er sich sogar, während er seine Lyrik doch empfehlen mochte. Wie immer seine Einstellung war – bestimmte Motive aus seiner Gedanken- oder Sinnenwelt kehren hier wie dort unverändert und erkennbar wieder, so dass eine scharfe Abgrenzung zwischen den Hauptinhalten der so unterschiedlichen Darstellungsebenen oft gar nicht geboten scheint. Übereinstimmungen, Ähnlichkeiten oder auch nur Sinnentsprechungen lassen sich mühelos anführen:

So finden sich Buschs heiter-philosophische Gedanken über das „Nichts" aus einem 1880 geschriebenen Brief in seiner elf Jahre später verfassten Erzählung „Eduards Traum" fast wörtlich wieder. Teile seiner Gedankenwelt zeigen sich dort unveränderlich und beherrschen – grenzüberschreitend – Bereiche von Dichtung und Wirklichkeit. (→Kap. „Sehnsucht nach dem Nichts")

Das Ineinandergreifen der verschiedenen Wahrnehmungs- und Darstellungsebenen zeigt sich am deutlichsten in der Behandlung von Beispielen aus der Objektwelt. Gegenstände sind für Busch nicht das – erscheinen nicht als das, was sie in der realen Welt sind oder sein sollen. Es stecken Geheimnisse in ihnen, die es zu lüften gilt. Gesprächsweise äußerte er sich einmal: „Jed Ding, und wär's ein irdener Topf, besitzt eine Art von schlauer Verborgenheit, die nur durch Fleiß, List, Talent überwunden wird. Ich denke an Brouwer und Teniers. Es ist schwer, der Natur hinter ihre Schliche zu kommen."[104]

Ähnliche Empfindungen entdeckt man in einem Brief nach einem Museumsbesuch in Amsterdam: Auf den Bildern der holländischen Meister habe er ungemein „geestige Töpfe" gesehen. (261) Töpfe spielen im Denken, in der

Anschauung, im Werk des Malers und Dichters Busch eine beherrschende Rolle.

„Töpfe sind auch Kunstgeschöpfe" formulierte er in seinen „Sprickern".(GA IV, S. 545) Im malerischen Werk tauchen sie zahlreich auf, und stets sind sie zerbrochen. Sein Werkkatalog verzeichnet davon ein halbes Dutzend, und auch das Verzeichnis seiner Handzeichnungen kennt den zerbrochenen Krug[105].

In seinen Bildergeschichten spielt dieses Motiv eine unübersehbare Rolle: In „Herr und Frau Knopp", als der Hausherr nachts nach Hause kommt (GA III, S. 123); in „Fipps, der Affe", wo gleich eine ganze Kiepe voller Töpfe zerbrechen muss (GA III, S. 349); oder in den „Bildern zur Jobsiade", wo der zerbrochene Kaffeetopf sogar eine eigenmächtige Hinzufügung Buschs ist, denn in Kortüms Original ist diese Episode gar nicht vorhanden. (GA II, S. 315)

Noch in einem späten Gedicht reimt Busch: "Der Teetopf war so wunderschön, / Sie liebt ihn wie ihr Leben. / Sie hat ihm leider aus Versehn / Den Todesstoß gegeben. // Was sie für Kummer da empfand, / Nie wird sie es vergessen. / Sie hielt die Scherben aneinand / Und sprach: So hat's gesessen!" (Schein und Sein, GA IV, S. 403)

Ohne Zerstörung scheint es keinen Neuanfang zu geben. Es sei noch einmal auf zwei der Bildergeschichten verwiesen: „Fipps der Affe" führt in der gut situierten Familie Fink ein geradezu fürstliches Leben, wo es ihm an nichts fehlt. Irgendwann wird dem Affen dieses Leben aber zu trist, er entweicht am frühen Morgen durch ein Fenster unter Hinterlassung eines demolierten Frühstückstisches: „Kessel, Trichter, Tassen, Töpfe, / Löffel, Gläser, Eiernäpfe, / Butter, Honig, Milch, Zigarren..." usw. Fipps sucht ein Leben, das ihm als „Wildtier" angemessener ist. Die Flucht wäre auch weniger spektakulär möglich gewesen, aber hier ist die Zerstörung vonnöten, um einen Akzent für den Neuanfang zu setzen. (GA III, S. 349).

Ähnlich präsentiert sich der Abschied des Lehrlings Klecksel, als er seinen ungeliebten Meister Quast verlässt. Er türmt des Nachts eine stattliche Pyramide aus Töpfen, Gläsern und Gestühl auf, die von seinem Lehrherrn dann mit großem Krachen umgestürzt wird. Kuno Klecksel ist bereits auf der Landstraße. (GA IV, S. 406). Man muss Vergangenes nicht nur hinter sich lassen, sondern muss auch zerstören, was einen am Neuanfang hindern könnte.

Hans Ries hat in seiner „Historisch-kritischen Ausgabe" (Bd. I., Sp.1247) darauf hingewiesen, dass Busch – ähnlich Hans Christian Andersen – tote Gegenstände gelegentlich beseelt. Man denke an „Die ängstliche Nacht" aus der Sammlung „Die Haarbeutel" (GA III, S. 263ff.), wo der Herr des Hauses einen langen und verzweifelten Kampf gegen die Utensilien seines Zimmers führen muss, bis er endlich schlafen kann. Der Kampf mit den Objekten, – das Objekt muss notfalls zerstört werden, um hinter seine Geheimnisse zu kommen.

Bestimmte Motive ziehen sich im Werk Buschs durch alle Darstellungsebenen. So findet das erschütternde Gedicht „O, die du mir die liebste war…", das er seiner Mutter zwei Jahre nach ihrem Tod widmete, eine Analogie in der Himmelserscheinung seiner Bildergeschichte „Der heilige Antonius von Padua". Das „halb drohend, halb zum Gnadenwinke…" entspricht dem „Es winkt mir ab, es winkt mir zu…" Seine Mutter kehrt als Heilige zurück; nur sie kann verzeihen.

Die Sinnverwandtschaft zwischen den Sphären, die scheinbar nicht zusammen passen, macht sich in Buschs Werk nur zu oft bemerkbar, die Grenzen zwischen den literarischen und malerischen Erfindungen des Meisters, ja gelegentlich sogar zwischen ihnen und der Wirklichkeit, erweisen sich je und je als nicht existent.

Nun hatte Busch diese Gräben doch selber gezogen, als er, wie oben schon zitiert, einem seiner Neffen sagte: „Du hättest auch was Besseres zu tun, als so dummes Zeug unter die Nase zu nehmen." Ein anderes Mal sagte er auch: „Lesen Sie meine ‘Kritik des Herzens′, da lernen Sie mich kennen, nicht in den anderen Sachen." Aber ist dieses Abrücken von einem so wichtigen Teil des eigenen Werkes wirklich glaubhaft?

Welche Leistungen und neue Erfindungen sich mit den Bildergeschichten verbanden, wusste Busch nur zu genau. So bekennt er in seiner kleinen autobiografischen Schrift „Was mich betrifft", die Bildergeschichten seien „… teilweise im Leben geglüht, mit Fleiß gehämmert und nicht unzweckmäßig zusammengesetzt…" So schreibt niemand, der diese Dinge ernsthaft für „dummes Zeug" hält.

Stärker klingt seine in Gesprächen gemachte Aussage: „ … wenn man, wie ich, mal drauf gekommen ist, Situationen in Fluss zu bringen…"[106] Es ist eine der großen Erfindungen unseres Autors, dass er die Bilder, die in früheren Bildberichten wie üblich stets in ihrer Statik verharrten, aus eben dieser Statik gelöst und in einer Szene des Geschehens die nächste schon vorbereitet hat, – sie durch Vorausdeutung zumindest erahnen lässt. Die Darstellung wurde „verflüssigt!"

"Wenn man, wie ich, mal drauf gekommen ist…" – eine solche Bemerkung von einem Mann, der sonst so kritisch und selbstkritisch gewesen ist, ist wohltuend und zutreffend. Hier verrät sie auch eine angemessene Portion Stolz. Es kann danach nicht sein, dass Busch seine Bildergeschichten auch nur als ein „Nebenbei" betrachten wollte.

Vielleicht aber befiel ihn im Lauf der Jahre mehr und mehr die Sorge, es könnten seine Bildergeschichten am Ende doch zu viel Persönliches von ihrem Autor verraten. Warum sonst das Gefühl der Peinlichkeit, als er miterleben musste, wie ein Unbekannter anderen aus seinem „Knopp" vorlas?

Es lässt sich eben doch nicht immer übersehen, das sich Teile der Lebenswirklichkeit unseres Autors in seinen verschiedenen Werken unverkennbar abbilden, – immer da, wo diese nicht genügend umgeformt worden sind. In der „Frommen Helene" gehen solche Entsprechungen, oft sogar in peinlicher Weise, über bloße Andeutungen oder Anspielungen hinaus.

Das Haus in der Bockenheimer Landstraße

Seit 1867 war Wilhelm Busch Dauergast bei der Familie Kessler in Frankfurt am Main. Johanna, die Frau eines Bankiers, war kunstinteressiert und versuchte, Busch in seiner malerischen Arbeit zu fördern. Er richtete sich nicht weit von der Villa der Kesslers ein Atelier ein, in dem er malerisch, aber auch als Zeichner seiner Bildergeschichten, tätig war. U.a. entstand 1872 hier die „Fromme Helene". Da tauchen Zitate aus dem Umfeld auf, wie Busch es längere Zeit aus nächster Nähe erlebte. Wenn die „armen Leut'" mit den gewärmten Rotweinflaschen abziehn, gehen sie an der Gartenmauer und der Front der Prachtvilla der Kesslers vorbei. – Die Hausherrin ruft ihren Hausdiener Jean in der typisch Frankfurter Aussprache herbei, die auch heute noch üblich ist; „Jean" spricht sich eben „Schank"! – Helene auf ihrem Kirchgang ist „wörtlich" die Gestalt, in der Busch die Frau Kessler flüchtig aquarelliert hat, als sie sich zum Einkaufen schickte.[105]

Es ist bekannt, dass Busch ein tiefes Gefühl für die Dame des Hauses entwickelte, das verständlicherweise bei unausgesprochener Verehrung blieb. So gab Busch dieses Domizil eines Tages wieder auf und zog zurück in seinen Geburtsort Wiedensahl.

Untersucht man die Briefe Buschs, so muss man feststellen, dass in den meist sehr herzlichen Grußformeln, die an die Frau des Hauses gerichtet sind, (oft genug auch an die Töchter), der Herr des Hauses, Johann Heinrich Daniel Kessler, völlig fehlt. Dass Busch ihn nicht gerade liebte, muss nicht weiter überraschen. Kessler selbst scheint sich aber auch nicht sonderlich für Busch interessiert zu haben, denn wir wissen in diesem Zusammenhang über ihn fast gar nichts.

18: Johanna Kessler mit ihren Töchtern.
Um 1870. (Handzeichnungen ..., Nr. 166)

19: Helene und Jean beim Kirchgang.
Aus: „Die fromme Helene". (GA II, S. 260)

Nun hat Busch so gut wie alle Briefe, die, ganz gleich von wem, an ihn gerichtet waren, nicht lange nach Erhalt vernichtet. Was Johanna Kessler ihm je geschrieben hat, bleibt also Spekulation, soweit es nicht aus den Antworten Buschs rekonstruierbar ist. Es bleibt darum ungeklärt, was eines Tages zwischen Busch und den Kesslers zu einem Zerwürfnis geführt hat, das immerhin 14 Jahre andauerte.

Der vorläufig letzte Brief, den Busch an Frau Kessler richtete, datiert vom 19. Dezember 1877. (404) Er lautet: „Liebste Tante! Also nicht allein nichts zum Weihnachten, sondern auch noch obendrein einen ironischen Festgruss, eine Art von Ruthe! Auweh! Geschieht ihm ganz recht! Warum ist er nicht fleissiger gewesen? Na, im nächsten Jahr, da wird er sich hoffentlich zusammennehmen, und dann machen die Tante oder die Nichten auch wieder was hübsches für ihn, und er braucht nicht wieder so traurig da zu stehn als der Einzige, der Nichts kriegt.   Doch Spass bei Seit, liebste Tante! Ich wünsche Ihnen und den Kindern von ganzem Herzen ein recht fröhliches Fest. Stets Ihr getreuer Onkel *Wilhelm*.“

Im August 1891 schreibt Busch zum ersten Mal wieder nach Frankfurt am Main und beginnt seinen Brief mit der respektvollen Anrede: „Meine liebe Frau Kessler! Von Lenbach hör ich, es hätten ihn neulich zwei Damen besucht, aus Frankfurt, beide sehr hübsch und ungemein liebenswürdig. – Das hat mich ermuntert...“ usw. (825) Und am 11. Oktober 1891 liest man in einem weiteren Brief: „Trotz diesem und dem, liebste Tante, bin ich doch eigentlich sehr glücklich in dem Gefühl, dass ich Sie und die Ihrigen wieder habe und damit ein geliebtes Stück dieser Welt, welches ich, hauptsächlich durch eigene Schuld, schon für immer verloren glaubte. – So bald, wie's geht, komm ich nach Frankfurt...“ (833)

Diese Wiederaufnahme des Kontaktes kam durch die Kessler-Tochter Nanda und Franz Lenbach zustande. Buschs Neffe Otto Nöldeke teilt hierzu mit: „Nach einer an mich 1908 gerichteten brieflichen Mitteilung ihrer Tochter, der Frau Ferdinanda Kessler, hatte sie Lenbach kennen gelernt, und dieser hatte, wohl in Holland, über die alten Missverständnisse und Verstimmungen mit Busch gesprochen und über ein günstiges Ergebnis an Frau Kessler berichtet" [107]. Sie fuhr unverzüglich nach Wiedensahl, um Busch aufzusuchen. Man traf sich dann schließlich in einer Ortschaft im Harz, wo sich Busch gerade aufhielt. Danach begann wieder ein reger Briefwechsel.

Zurück zum Brief Buschs vom 19. Dezember 1877: Er beklagt sich darin, dass er als Einziger von den Kesslers nichts zu Weihnachten bekäme und dass der aus Frankfurt kommende Festgruß ironisch klänge – eine Art Rute darstelle, mit der wegen mangelhaften Fleißes gedroht würde. Man weiß, dass sich Frau Kessler größere Gemälde von Busch erhoffte, zu denen sich Busch aber immer weniger bereit fand. Nun ist das allein kein Grund, ein sonst übliches Weihnachtsgeschenk zu verweigern. Der ironische Gruß wird gleichfalls andere Gründe haben. Vielleicht ist hierin ein erster Versuch der Frau Kessler zu sehen, ein allzu herzliches Verhältnis etwas abkühlen zu lassen. Busch deutet ihn aber falsch und bezieht die Abkühlung auf seinen mangelnden Fleiß. Er selbst hatte in diesem Augenblick bestimmt nicht vor, den Kontakt mit den Kesslers einzustellen, denn er stellt ja für das nächste Jahr „Besserung" in Aussicht und damit eine mögliche Wiederherstellung guter Stimmung.

Was mag nun der Grund sein dafür, dass 14 Jahre Schweigen einsetzte? Geht der Bruch dennoch von Busch aus, der ja in seinem Brief vom 11. Oktober 1891 Frau Kessler gegenüber eingesteht, das Zerwürfnis „hauptsächlich durch eigene Schuld" herbeigeführt zu haben? Da nach seinem Weihnachtsbrief 1877 kein weiterer Brief an die Kesslers vorhanden ist, muss etwas vorgefallen sein, das ihm das Schreiben weiterer Briefe unmöglich machte. Man könnte z.B. vermuten, dass Frau Kessler ihm nach dem offenbar etwas kühlen Weihnachtsgruß einen weiteren Brief geschrieben hat, in dem sie ihn dringend bat, jeden Briefverkehr mit ihr oder den Töchtern einzustellen und von weiteren Besuchen (vielleicht schrieb sie „vorläufig) abzusehen. Der Grund dafür wäre nicht schwer zu erraten:

Busch schildert das Leben der Helene als Ehefrau in einer Weise, die ihren Ehemann in geradezu peinlicher Weise bloßstellt. An Kunstbetrachtungen nicht interessiert, hat er sogar auf der Hochzeitsreise anscheinend kein wichtigeres Anliegen als seinen Champagner. Kein Wunder, wenn die von Helene erhoffte Schwangerschaft ausbleibt. Hier soll eine gemeinsam mit ihrem Vetter Franz unternommene Pilgerreise Abhilfe schaffen. Der Erfolg stellt sich schließlich ein, – wohl weniger durch fromme Gebete der Pilgersleute, als durch die freundliche Nachhilfe des Vetters. Der gleichwohl glückliche Ehemann Schmöck macht sich über das Abendbrot her und erstickt an einer Fischgräte.

Diese Teile unserer Bildergeschichte, die den Vergleich mit den großherzigen Frankfurter Gastgebern Buschs geradezu herausfordern, stellen in ihrer diskriminierenden Art doch wohl einen Skandal dar. Es könnte nun sein, dass der Hausherr, der sich um das Schaffen seines Hausgastes Busch angeblich wenig gekümmert hat, dieses Opus (freilich etwas spät) zu Gesicht bekommen und seine Frau darin erkannt hat. Die fatale Rolle des Herrn Schmöck in dieser Geschichte wird ihm vollends die Zornesröte ins Gesicht getrieben haben, so dass er seiner Frau schließlich die Beendigung dieses ihm inzwischen wohl etwas verdächtigen Kontaktes auferlegte.

Dies bleibt freilich Spekulation. Die Annahme ist aber umso wahrscheinlicher, wenn man berücksichtigt, dass eine Versöhnung zwischen den Parteien nicht lange nach dem Tod des Hausherrn Kessler am 3. März 1891 stattfand. Danach wäre ein vom Ehemann ausgesprochenes Kontaktverbot für die Witwe hinfällig geworden. Wenn Busch in einem seiner Briefe an Frau Kessler vom Bruch schreibt, der „hauptsächlich durch eigene Schuld" herbeigeführt worden sei, bedarf das dann eigentlich keiner weiteren Erklärung mehr.

Gehört es noch hierher, wenn Busch in seiner phantastischen Erzählung „Eduards Traum" von „einer feinen und hochgebildeten Metropole" berichtet, in der dem erzählerischen Ich ein Trauerzug begegnet, mit dem ein angesehener Bankier zu Grabe getragen und beweint wird? Auf den Zügen des Verstorbenen war ein selbstzufriedenes Lächeln. (GA IV S.177) Das Manuskript zu „Eduards Traum" beendete Busch im Dezember 1890 und schrieb es noch einmal im Januar 1891 für den Druck ab, also wenige Wochen *vor* dem Tod des Bankiers Kessler, von dem Busch natürlich noch nichts geahnt haben konnte.

Schlussbetrachtung

Jede eingehende Beschäftigung mit Wilhelm Busch sieht sich vor der Schwierigkeit, Werke zu beurteilen, die sich auf verschiedenen Darstellungsebenen präsentieren. So gehören sie entweder dem Bereich der Malerei oder dem der Zeichenkunst an, dem der Dichtung, sei es der ernsten, sei es der heiteren, und schließlich im bescheidenen Maße auch der Prosa. Die Unterschiede zwischen diesen Erzeugnissen liegen aber nicht allein in ihrem Erscheinungsbild, sondern auch in der vom Autor erklärten oder verschwiegenen Absicht, – in ihrer „Tendenz".

So sind bei Busch weder seine Ölgemälde, noch seine Bildergeschichten ursprünglich auf „Außenwirkung" berechnet. Erstere sollten nie ausgestellt werden, letztere, die er immerhin veröffentlichen ließ, sollten am besten nichts über ihren Schöpfer verraten. – Dahingegen sollten die ernsten Gedichte den Leser direkt und unverhüllt ansprechen. In einem Brief (246) bekannte Busch: „In den kleinen Versen… habe ich versucht, möglichst schlicht und bummelig die Wahrheit zu sagen – so wie man sich etwa nach Tisch oder bei einem Spaziergange dem guten Freund gegenüber aussprechen würde."

Die Bildergeschichten, scheinbar aus sich selbst verständlich, legen aber nach eingehender Beschäftigung mehr und mehr Deutungsarbeit nahe. Sie sind voller Anspielungen, Symbole und Sinnbilder, die der Entschlüsselung bedürfen, zumal die Bezüge zum Leben und Erleben des Autors nicht zu übersehen sind. Damit verbindet sich dann auch die Überlegung, welche Bedeutung der Vorgang des Schaffens für den Autor selbst hatte, – Fragen nach dem „Innenbereich" also, die jede Untersuchung leiten muss. Sie sind naturgemäß nicht eindeutig zu beantworten. Gerade Busch hat sich empfindlich gegen allzu persönliche Deutungen seiner Bildergeschichten gewehrt: „Dass ich meine Sachen… lediglich und vor allen Dingen zu meinem rücksichtslosen Pläsir zurecht geschustert, das ist eben manchen Leuten nicht begreiflich zu machen."

141

Hier wird ein starkes Abwehrverhalten spürbar. Man wird nicht fehlgehen, wenn man im Schaffensprozess Buschs den Versuch vermutet, eigene Konflikte aufzuarbeiten und zu bewältigen. Einer seiner Neffen berichtete über den Onkel: „Was er veröffentlicht hatte, war für ihn erledigt, wie wenn die Schlange sich gehäutet hat. Den Vergleich gebrauchte er selbst." [108]

So ganz werden diese Dinge aber wohl doch nicht erledigt gewesen sein. Prozesse der Selbstbefreiung und Ablösung von quälenden Innenzuständen gehen aus einem Brief hervor, den Busch an seinen Verleger schrieb. Bassermann hatte ihn gebeten, eine seiner Neuerscheinung für werbliche Zwecke zu kommentieren: „In Betreff der ‚Deutung' möchte ich ja gewiss gern Deine Wünsche befriedigen; aber es geht nicht, es geht mir durchaus wider die Haare... Ich denke meine Geschichte ehrlich durch und durch, so weit meine Fähigkeit dazu ausreicht. Damit habe ich meine Schuldigkeit gethan und will nun ‚mein Ruh´ haben. Wenn dann dieser oder Jener dieses oder Jenes sagt, so mag er recht haben; aber ich muss ihn nothgedrungen ablehnen, denn er kann mir nichts helfen. Ich weiß selber zu gut, welche Mängel in meiner individuellen Art der Anschauung, welche Hindernisse in der Schrift durch Bilder überhaupt liegen, und mit dieser Selbsterkenntnis muss ich mich beruhigen, so gut es geht, und mit Geduld mein Päckchen weiter tragen." (155)

So schreibt niemand, der seine Sachen „zum eignen Pläsier" macht. Hätte er nicht besser sagen sollen: „Zur eignen Selbstbefreiung" o.ä.? Dann stimmt es also, wenn man unterstellt, all´ das sei nicht für die Außenwelt bestimmt gewesen? Immerhin hat Busch seine Bildergeschichten sämtlich veröffentlichen lassen, und die meisten davon mit Erfolg! Es bleibt der Befund einer durch und durch ambivalenten Haltung des Autors seinen Schöpfungen gegenüber.

Noch einmal wird man fragen müssen, warum ein Mensch überhaupt diese Form der literarischen oder zeichnerischen Mitteilung wählt, wenn sie dem Autor doch so wenig kommentierungswürdig erscheint. Die Psychoanalyse beschäftigt sich seit langem mit Derartigem; danach gestattet erst die Verwandlung eines persönlichen Konfliktes in ein literarisches Sujet, das „Umgießen" in eine neue Form, bestimmte Ängste zu beschwichtigen und Phantasien zu artikulieren, die andernfalls der Verdrängung anheim gefallen wären. Die literarische Form „filtert und verändert, kanalisiert und sozialisiert, versteckt und maskiert nicht zugelassene, aber mächtig ins Bewusstsein drängende Phantasien des Autors so, dass sie für ihn und den Leser bewusstseinsfähig, akzeptabel und kommunikabel werden." [109)]

Ist es aber statthaft, mit diesen Methoden Kunstwerke, ja Hinterlassenschaften von Autoren überhaupt zu untersuchen, wenn diese gar nicht mehr am Leben sind? Die methodologischen Vorbehalte richten sich da in erster Linie gegen den Umstand, dass die therapeutische Situation eines analytischen Gesprächs nicht mehr herstellbar ist. Gleichwohl hat schon Sigmund Freud gezeigt, dass dieser Mangel bei bestimmten literarischen Werken bis zu einer gewissen Grenze wettgemacht werden kann. In einer Studie eines Gesprächs zwischen Therapeut und Patient entwickelte er ein „biographisches Modell", in dem er alle historischen und für seine Zwecke relevanten Einzelheiten aus dessen Leben und Schaffen heranzog und zum Sprechen brachte. [110)]

Darüber hinaus hat Freud eine Methode entwickelt, mit der es ihm gelang, ein literarisches Werk anhand innerer Kriterien zu betrachten und schließlich analytisch zu deuten[111)], – ein „endopoetisches Modell".[112)] Beide Vorgehensweisen sind bis heute vorbildhaft für tiefenpsychologische Literaturinterpretationen geblieben.

Während sich die biographische Methode stärker am Faktischen und Belegbaren eines Menschenlebens und seines Schaffens hält, bedarf die endopoetische mehr einer Deutung bestimmter Symbole [113)], des Aufspürens von Analogien und wiederkehrender Motive im Werk des Autors. Ob sich die eine Vorgehensweise mit der anderen kombinieren lässt, ist weniger eine Frage methodologischer Zulässigkeit, als vielmehr eine der konkreten

Untersuchungschancen, also der zur Verfügung stehenden Materialien und ihrer Interpretationsmöglichkeiten.

Das Material, das sich für eine tiefenpsychologische Untersuchung von Leben und Werk Wilhelm Buschs eignet, bietet sich reichlich an, ist aber eben von sehr unterschiedlichem Charakter. Dennoch können zwischen den so verschiedenen Darstellungsarten immer wieder Analogien und gedankliche Übereinstimmungen festgestellt werden, dass sich Deutungsversuche tiefenpsychologischer Art anbieten, wenn man Äußerungsarten, wie Gespräche, Briefe oder die Gedankenlyrik in die Deutungsarbeit mit hinein nimmt.

Unter den gebotenen Vorbehalten scheint es immerhin möglich, mit dem so zur Verfügung stehendem Instrumentarium bestimmte Teile aus dem Werk des Wilhelm Busch besser zu verstehen. So war es unumgänglich, das familiäre Umfeld unseres Autors analytischer Betrachtung zu unterziehen. Die besonderen Bindungen und Belastungen, mit denen Busch umzugehen hatte, sind mindestens teilweise Ursache für die oft so rätselhaft dramatischen Abläufe in seinem Werk und für die ebenso rätselhaften Verhaltensweisen seines Autors.

Es ist der Versuch dieser Arbeit, deutlich zu machen, dass im Leben des Wilhelm Busch Tendenzen die Oberhand gewannen, die den Charakter eines Rückzugs aufweisen. Sein Entschluss, auszuschlagen, was die kunstfreundliche Stadt München ihm zu bieten hatte, wo er mit offenen Armen aufgenommen wurde und wo er Eingang in die erlauchtesten Künstlerkreise finden konnte; sein Entschluss, wieder in sein Heimatdorf zu ziehen, um dauerhaft mit seiner Schwester zusammenzuleben; seine Bindung an seine Mutter, die ihm auch nach ihrem Tod noch im Wege stand, um ein normales Verhältnis zu anderen Frauen zu herzustellen, – alles das muss mit dem Ausdruck „Rezession" bezeichnet werden, d.h. als das Bemühen eines Menschen, kindliche Entwicklungszustände und seine jeweils typischen Verhaltensweisen wieder herzustellen.

Buschs Erlebnis der niederländischen Malerei, die ihn ein falsches Idol wählen ließ, vor dem er von vornherein kapitulierte, zeigt eine typisch „depressive Reaktion". Die Beschäftigung mit der Philosophie Schopenhauers wird seine pessimistische Grundeinstellung, wenn nicht verursacht, so doch verstärkt haben. Ein autonomes Lebenskonzept zu entwickeln, ist Wilhelm Busch nach diesen inneren Belastungen kaum noch möglich gewesen.

Fußnoten

1) Kaulbach, Isidore: Friedrich Kaulbach. Erinnerungen an mein Vaterhaus. Berlin 1931, S. 158

2) Pape, Walter: Wilhelm Busch. Stuttgart 1977, S. 63f. – Rades, Peter: Hintergründiges in den Bildergeschichten Wilhelm Buschs. Köln 1977, S. 36. – Vogt, Michael (Hrsg.): Die boshafte Heiterkeit des Wilhelm Busch. Bielefeld 1988, S. 151, Anm. 16. – Zuletzt auch Hans Ries im Kommentar zu den „Abenteuern eines Junggesellen" (HkGA, Sp. 768 u. 1583).

3) Block, Paul: Beim Einsiedler von Mechtshausen. Berliner Tageblatt vom 19.3.1902

4) Wilhelm Busch. Sämtliche Briefe Hg.v. Friedrich Bohne. Hannover 1969, Bd. II. Nachwort S. 323f. – Ries, Hans: in: HkGA III, Sp. 423, Fn. 28

5) Noldeke, Hermann, Adolf und Otto. Wilhelm Busch. München 1909, S. 150

6) Von „kompensatorischen Strukturen", die einen Versuch darstellen, innere Defekte auszubalancieren, spricht Peter Dettmering in seiner Rezension von Heinz Kohut: Die Heilung des Selbst. Frankfurt am Main 1979, in: Psyche 8, 1981, S. 749; er resümiert, dass künstlerische Tätigkeit eine der typischen Ausdrucksformen dafür darstellen.

7) Gesing, Fritz: Die Psychoanalyse der literarischen Form: „Stiller" von Max Frisch. Würzburg 1985, S. 46. – Über die therapeutische Wirkung der Kunst auf den Künstler: Hartmut Kraft: „Kunst ist ja Therapie!" – Dierks, Manfred: Autor-Text-Leser: Walter Kempowski: Künstlerische Produktivität und Leserreaktionen am Beispiel „Tadellöser und Wolff". München 1981, S. 69 Dierks spricht von Verschiebung narzißtischer Energie von der eigenen Person auf das Werk und den Prozess der Herstellung.

8) Ries, Hans: Neue Biographien zum Busch-Jubiläum. Rezension zu Eva Weisweilers „Wilhelm Busch – der lachende Pessimist"; in : Satire 71. 2009, S. 63

9) ders. in seiner HkGA II, Sp. 1578ff.

10) Nöldeke, Otto und Hermann: Wilhelm Busch-Buch. Berlin (1930), S. 393

11) Heinz-Mohr: Gerd: Lexikon der Symbole. 9 A. München 1988, S. 27f.

12) Hieronymus Bosch: Das Gesamtwerk. Hrsg. v. J. Koldeweij u.a. Belser o.J. S. 186

13) Schmitt, Jean-Claude: Die Logik der Gesten im Mittelalter. Stuttgart 1992, S. 15

14) ders.: a.a.O., S. 39

15) Faust, Armin Peter: Ikonographische Studien zur Graphik Wilhelm Buschs. Saarbrücken 1993, S. 61

16) Im 3. Kap. des „Heiligen Antonius" erscheint die Mutter Gottes ganz ungewöhnlich in Rückansicht. Busch hat auch seine Mutter auf seiner einzigen Zeichnung in Rückansicht dargestellt. (Abgebildet in: Ruth Brunngraber-Malottke: Wilhelm Busch, Handzeichnungen nach der Natur. Werkverzeichnis. Stuttgart 1992, S. 98)

17) Vgl. hierzu u.a. Ries, Hans: HkGA II, Sp. 1584

18) Wurmser, Léon: Die Maske der Scham. Eschborn 3.A. 2007

19) Nöldeke, Hermann, Adolf und Otto, a.a.O., S. 23

20) Wurmser, a.a.O., S. 71

21) Block, Paul: Beim Einsiedler…, a.a.O.

22) Lindau, Paul: Nur Erinnerungen. Bd. 2. Stuttgart 2.u.3.A. 1917, S. 120f.

23) Bonati, Peter: Die Darstellung des Bösen im Werk Wilhelm Buschs. Bern 1973, S. 42ff.

24) Abgebildet in: Hans Georg Gmelin und Reinhold Behrens. Wilhelm Busch als Maler. Berlin 1980, S. 239; und: Wilhelm Busch. Gesamtausgabe in vier Bänden. Hrsg. v. Friedrich Bohne. Wiesbaden o.J. Bd. IV, S. 582

25) Deleuze, Gilles: Sacher-Masoch und der Masochismus; in: Leopold Sacher-Masoch: Venus im Pelz. Frankfurt am Main 1980, S. 196f.

26) Wilhelm Buschs Verhältnis zu seinem Vater war sicher auch von ödipalen Konflikten besetzt. In seiner Prosaschrift „Der Schmetterling" wird dem Ich-Erzähler in Hundegestalt von einer Hexe der Schwanz abgekniffen. Ein deutliches Indiz für einen Kastrationskomplex. (S. 252, 259)

27) Brisch, Karl Heinz: Bindung und Trauma. 2.A. Stuttgart 2006, S. 113

28) Freud, Sigmund: Drei Abhandlungen zur Sexualtheorie. Frankfurt am Main 8.A. 2004, S. 62

29) Mentzos, Stavros: Neurotische Konfliktverarbeitung. Frankfurt am Main. 17.A. 2000, S. 223

30) Sacher-Masoch: Venus…, a.a.O., S. 37f., 47

31) S. Freud: Drei Abhandlungen…, a.a.O., S. 62

32) Ders.: Das ökonomische Problem des Masochismus; in: Das Ich und das Es. Frankfurt am Main, 9.A. 2001, S. 301

33) Wurmser, Léon: Das Rätsel des Masochismus. Berlin, Heidelberg, New York 1993, S. 16, 38ff., 151

34) Mentzos, a.a.O., S. 216f.

35) Bowlby, John: Bindung und Verlust, Bd.1; in : Bindung. München, Basel 2006, S. 215f.

36) Wurmser: Rätsel…, a.a.O., S. 111f.

37) Ders.: Die Maske…, a.a.O., S. 40

38) Eine kurze Übersicht über diese Deutungsversuche in meiner Schrift „Symbol und Wirklichkeit im Werk Wilhelm Buschs". Frankfurt am Main 2002, S. 89ff.

39) Wohl als Erster hat Wolfgang Teichmann darauf hingewiesen, „dass hinter der 'Tücke des Objekts' die Unzulänglichkeiten des Subjekts zu suchen sind." (Wilhelm Busch: Dieses war der erste Streich. Hg. v. W. Teichmann. Berlin 1959, S. 233)

40) Sigmund Freud: Zur Psychopathologie des Alltagslebens. (Kap. VIII, Das Vergreifen). Frankfurt am Main 4.A. 2006, S. 247f. – Natürlich hat Busch die Theorien Freuds noch nicht kennen können, aber seine Einsichten scheinen hier denen Freuds und dessen Gewährsmann vorauszugehen.

41) Winter, Fritz: Wilhelm Busch als Dichter, Künstler, Psychologe, und Philosoph; in: Abhandlungen über „Modern Philology" der „Universität of California", Vol.2, Nr.1. Berkely 1910, S. 15

42) Klein, Melanie: Das Seelenleben des Kleinkindes und andere Beiträge zur Psychoanalyse. Reinbek bei Hamburg 1972, S. 31f. – Winnicott, Donald W.: Vom Spiel zur Kreativität. Stuttgart,10.A. 2002, S. 104,110

43) Freud, Sigmund: Jenseits des Lustprinzips. Gesammelte Werke, Bd. XIII. Frankfurt am Main, 5.A. 1967, S. 12ff.

44) Winnicott, a.a.O., S. 55

45) Ders., a.a.O., S. 104: ("Teil des Übergangs zum Realitätsprinzip"). – Dazu auch: Elhardt, Siegfried: Tiefenpsychologie. Eine Einführung. 8.A. Stuttgart 1982, S. 85

46) Freud, Anna: Wege und Irrwege in der Kinderentwicklung. Bern und Stuttgart 1968. (6.A. 1993, S. 70). – Dazu auch: Jacobsen, Edith: Das Selbst und die Welt der Objekte. Frankfurt am Main 1973, S. 77

47) Gmelin, Hans Georg: Wilhelm Busch als Maler. Berlin, 2.A. 1981, S. 227., Nr. 138-143. – Brunngraber-Malottke, Ruth: Wilhelm Busch. Handzeichnungen nach der Natur. Werkverzeichnis. Stuttgart 1992, S. 164, Nr. 401

48) Bohne, Friedrich: Wilhelm Busch. Leben-Werk-Schicksal. Zürich, Stuttgart 1958, S. 274

49) Dettweiler, Christian: Wilhelm Buschs menschliche Problematik. Versuch einer psychoanalytisch-schriftpsychologischen Deutung. WBJb 1976, S. 7ff.

50) „Aus Gesprächen"; in : Wilhelm Busch, Sämtliche Werke (Hrsg. v. Otto Nöldeke), Bd. 7. München 1943, S. 429

51) a.a.O., S. 429

52) Brunngraber-Malottke, a.a.O., S. 98, Nr. 160. – Seinen Vater hat der Sohn ein Mal in Seitenansicht im Lehnstuhl sitzend und Pfeife rauchend dargestellt. (Ebenda, S. 76, Nr. 76)

53) Ries, Hans: HkGA I, Sp. 326

54) Freud, Sigmund: Zur Einführung des Narzissmus, in: Das Ich und das Es. Fischer Taschenbuch Verlag, Frankfurt am Main, 9.A. 2001, S. 49ff. – Kohut, Heinz: Narzissmus. Frankfurt am Main 1973, S. 64

55) Pietzcker, Carl: Einführung in die Psychoanalyse des literarischen Kunstwerks am Beispiel von Jean Pauls Rede des toten Christus. (Würzburg) 2.A. 1985, S. 49, 120

56) Vgl. das undatierte Gedicht „Der Trost", in dem ein Kind zu Wort kommt, das von einer „Therese" enttäuscht wird und schließlich wieder zur Mutter als der Besten flieht. (GA IV, S. 514f.)

57) Zitate bei Hans Ries, HkGA III, Sp. 1051f.

58) Koldeweij, Jos / Paul Vandenbroeck / Bernard Vermet: Hieronymus Bosch. Das Gesamtwerk. Stuttgart 2001, S. 186: „Eine Brücke oder das Überqueren eines Gewässers bezeichnen oft eine Wende, die Bekehrung des Lebensreisenden", – ein Motiv im 16. Jh. auf Darstellungen des verlorenen Sohnes.

59) Freud, Sigmund: Das ökonomische Problem des Masochismus; in: Das Ich und das Es, a.a.O., S. 301f.

60) Wurmser, Léon: Maske…, a.a.O., S. 61, führt die Drohungen früherer Zeiten an, mit denen die Masturbation verhindert werden sollte: „Wenn du nicht aufhörst… „ (Rückenmarkserweichung, spinale Auszehrung usw.)

61) Dass Sigmund Freud „Die fromme Helene" gekannt hat, geht aus seiner Schrift „Zur Psychopathologie des Alltagslebens", Kap. VIII „Das Vergreifen" hervor. Auch die Redewendung, „es nie wieder zu tun" kommt in seinen Arbeiten verschiedentlich vor, – so in: Dostojewski und die Vatertötung; in: Der Moses des Michelangelo. Frankfurt am Main, 2.A. 1999, S. 191

62) Spiegel-Gespräch „Schwarzfahrer des Schicksals". Der Spiegel, Nr. 8, 2002, S. 213ff.

63) Elhardt, Siegfried: Tiefenpsychologie. Eine Einführung. 8.A. Stuttgart 1982, S. 58

64) Freud, Sigmund: Das Tabu der Virginität. Ges. Werke Bd. XII. Frankfurt am Main 1947, S. 162ff.

65) Brunngraber-Malottke, Handzeichnungen… a.a.O., S. 76, Nr. 76. – Der Typ des zufrieden Pfeife rauchenden Vaters begegnet auch am Schluss der Bildergeschichte „Krischan mit der Pipe (GA I, S.327). – Carl Pietzcker (Einführung…, a.a.O., S. 121) weist auf das Phänomen der sexuellen Askese hin, die bis in die Reifezeit ausgedehnt wird. Erst mit dem Segen des Vaters ist eine Ehe möglich.

66) Nöldeke, Adolf: Der „Einsiedler" von Wiedensahl; in: Hermann, Adolf und Otto Nöldeke: Wilhelm Busch. München 1909, S. 69

67) Dazu auch: Hitschmann, Eduard: Psychoanalytisches zur Persönlichkeit Goethes; in: Imago 18, 1932, S. 42ff. (Goethes Bindungsangst als Übertragungsproblem in Verbindung mit seiner Schwester.)

68) Freud, Anna: Wege und Irrwege…, a.a.O., S. 162. – Die etwas abwegige Vermutung, der kleine Wilhelm habe seine Schwester selbst in den Kübel geworfen, bei Eva Weisweiler: Wilhelm Busch. Der lachende Pessimist. Köln 2007, S. 17

69) Freud, Anna: Das Ich und die Abwehrmechanismen. 17. A., Frankfurt am Main 2002, S. 51,53

70) So Hans Ries mit aller Vorsicht in seiner HkGA II, Sp. 1554f.

71) Bekanntlich hat Busch alle Briefe, die an ihn gerichtet waren, nach kurzer Zeit vernichtet.

72) Zahlreiche Beispiele hierzu in: Briefe I, ab August 1878

73) So Hans Ries in: HkGA II, Sp. 1462

74) Ders. In: HkGA II, Sp. 1584. – Dass Knopp gewisse Züge seines Autors trägt – natürlich nicht äußerlich – ist schon früher geäußert worden; vgl. die Hinweise bei H. Ries an dieser Stelle.

75) Nöldeke, Otto und Hermann: Wilhelm Busch-Buch. Sammlung lustiger Bildergeschichten. Berlin 1930, S. 85

76) Nöldeke, Hermann, Adolf und Otto: Wilhelm Busch. München 1909, S. 29, 32, 36, 38

77) Bassermann, Otto Fr.: Mittheilungen über Persönliches von Wilhelm Busch und mein Verhältnis zu ihm. WBJb 1978, Nr. 44, S. 10

78) Gmelin, Hans Georg: Wilhelm Busch als Maler. 2.A. Berlin 1981, S. 115, Tafel 1

79) Nöldeke, Otto (Hrsg): Wilhelm Busch. Ernstes und Heiteres. Berlin 1938, S. 141

80) Auf den Tanzfesten der Familie Kessler in Frankfurt wird Busch nur als Beobachter anwesend gewesen sein, kaum als Tänzer. (So Hans Ries in seiner HkGA II, Sp .1121)

81) Teichmann, Wolfgang (Hrsg.): Wilhelm Busch. Summa Summarum. 3.A. Berlin (1961), S. 330

82) Möbius, Friedrich: Wilhelm Busch als bildender Künstler des 19. Jahrhunderts; in: Summa Summarum. Wilhelm Busch, Bd. 3. Berlin 1959, S. 140

83) Äsopische Fabeln mit moralischen Lehren und Betrachtungen. Hg. v. Walter Pape. Zürich 1999, S. 232

84) Pleister, Wolfgang: E.T. Hoffmanns Affe Milo und Fipps der Affe; in: WBJb 45, 1990, S. 53

85) Ehrlich, Josef: Wilhelm Busch der Pessimist. Sein Verhältnis zu Arthur Schopenhauer. Bern, München 1962, S. 29, 65ff.

86) Dierks, Autor-Text-Leser, a.a.O., S. 60f. – Folgt man seiner Deutung, fände Buschs spätes Bekenntnis zur Strafe in seinen Bildergeschichten hier eine brauchbare Erklärung: Die Strafe tritt ein, damit dem Autor „keiner mehr was anhaben kann."

87) Nöldeke, Hermann Adolf und Otto: Wilhelm Busch, ... a.a.O., S. 150

88) Wurmser, Léon: Maske..., a.a.O., S. 314

89) Balint, Michael: Angstlust und Regression. Stuttgart 1960, S. 65

90) Vgl. dazu: „Fipps, der Affe", dem es im eleganten Umfeld der Familie Fink nicht mehr passt und der schließlich unter Hinterlassung eines zerstörten Inventars die Flucht ergreift. (GA III, S. 349)

91) Nöldeke, Hermann, Adolf und Otto: Wilhelm Busch, a.a.O., S. 77

92) Schopenhauer, Arthur: Die Welt als Wille und Vorstellung. 2.Bd. Kap. 41 u. 48. Hg.v. Löhneysen. Insel Verlag, Frankfurt am Main und Leipzig 1996, S. 772ff. – Ausführlich dazu: Ehrlich, Josef: Wilhelm Busch der Pessimist. Sein Verhältnis zu Schopenhauer. Bern und München 1962, S. 30ff.

93) Arthur Schopenhauer, Handschriftlicher Nachlass; zit. Nach: Safranski, Rüdiger: Schopenhauer und die wilden Jahre der Philosophie. 3.A. München 1996, S. 408

94) Chasseguet-Smirgel, Janin. Das helle Antlitz des Narzissmus und seine schattigen Tiefen – einige Reflexionen; in: Kernberg, Otto F.: Narzisstische Persönlichkeitsstörung. Stuttgart / New York 1996, S. 234

95) Balint, Michael: Angstlust und Regression. Stuttgart 1960, S. 54

96) Riedesser, Peter: Entwicklungspsychologie von Kindern mit traumatischen Erfahrungen; in: Karl-Heinz Brisch (Hrsg): Bindung und Trauma. Risiken und Schutzfaktoren für die Entwicklung von Kindern. 2.A. Stuttgart 2006, S. 169

97) Zit. Nach: Gmelin, Hans Georg: Wilhelm Busch als Maler. 2.A. Berlin 1981, S. 23

98) Block, Paul: Beim Einsieler..., a.a.O., S. 188

99) Nöldeke, Hermann, Adolf und Otto: Wilhelm Busch. München 1909, S. 77

100) Stuttmann, Ferdinand: Der Maler Wilhelm Busch; in: Wilhelm Busch. Sämtliche Werke. Hg. v. Otto Nöldeke. 7. Bd. München 1943, S. 12f., 25

101) Roos, Carl: Sorg i Kraprødt. Kopenhagen 1948. (Dt. Übersetzg. mash. – schriftl. im Wilhelm-Busch-Museum, Hannover, S. 65)

102) Möbius, Friedrich: Wilhelm Busch als bildender Künstler..., a.a.O., S. 141

103) Dettweiler, Christian: Wilhelm Buschs menschliche Problematik. Versuch einer psychoanalytisch-schriftpsychologischen Deutung. WBJb 1976, S. 14

104) SW, Bd. VII, S. 438

105) Brunngraber-Malottke, Handzeichnungen..., a.a.O., Abb. 166

106) SW. Bd. VII, S. 438

107) SW, Bd. VIII, S. 329

108) Nöldeke, Hermann, Adolf und Otto: Wilhelm Busch..., a.a.O., S. 150

109) Gesing: Stiller..., a.a..O., S. 46. – Über die therapeutische Wirkung der Kunst auf den Künstler: Kraft, Hartmut: „Kunst ist ja Therapie!" – Transformative Krisen in Leben und Werk von Joseph Beuys; in: Ders.: (Hrsg.) Psychoanalyse, Kunst und Kreativität heute. 3.A. Berlin 2007

110) Freud, Sigmund: Eine Kindheitserinnerung des Leonardo da Vinci. Fischer Taschenbuch Verlag, Frankfurt am Main. 2.A. 2000

111) ders.: Der Wahn und die Träume in W. Jensens Gradiva. Fischer Taschenbuch Verlag, Frankfurt am Main, 3.A. 2003

112) Der Begriff von Kurt R. Eissler; zit. nach Dettmering, Peter: Psychoanalyse als Instrument der Literaturwissenschaft. Frankfurt am Main 1981, S. 7

113) Zur Verwendung von Symbolen: Schönau, Walter / Pfeiffer, Joachim: Einführung in die psychoanalytische Literaturwissenschaft. 2.A. Stuttgart / Weimar (o.J.), S. 85f.: „Erst im Kontext entfaltet das einzelne Symbol seine Bedeutung, erst im Kontext wird seine Deutung überprüfbar."

Nachweis der zitierten Texte und Abbildungen

Um den Lesefluss nicht zu behindern, sind die Nachweise der zitierten Texte und Abbildungen in Kurzform gehalten. So verweisen die Stellen aus den Bildergeschichten und aus der Gedankenlyrik durchweg auf die vierbändige Gesamtausgabe von Bohne, (z.B. GA II, S. 45), da der Zugriff auf das monumentale Werk von Hans Ries (HkGA) nicht ohne Weiteres vorausgesetzt werden kann. – Die Briefe sind mit einfacher Nummer gekennzeichnet, wie sie in die zweibändige Ausgabe aufgenommen sind.

Abenteuer eines Junggesellen: GA III, S. 7ff.
(HkGA II, Sp. 596ff.)

Balduin Bählamm. GA IV, S. 5ff.
(HkGA III, Sp. 420ff.)

Bilder zur Jobsiade: GA II, S. 295ff.
(HkGA II, Sp. 347ff.)

Das Bad am Samstagabend: GA I, S. 542ff.
(HkGA II, Sp. 48ff.)

Das brave Lenchen: GA III, S. 363ff.
(HkGA III, Sp. 194ff.)

Das warme Bad: GA I, S. 416ff.
(HkGA I, Sp. 440ff.)

Der Bauer und der Windmüller: GA I, S. 121ff.
(HkGA I, Sp. 80ff.)

Der Frosch und die beiden Enten: GA I, S. 103ff.
(HkGA I, Sp. 114ff.)

Der Hahnenkampf: GA I, S. 168ff.
(HkGA I, Sp. 120ff.)

Der heilige Antonius von Padua: GA II, S. 75ff.
(HkGA II, Sp. 68ff.)

Der Sack und die Mäuse: GA III, S. 370ff.
(HkGA III, Sp. 210ff.)

Der Schmetterling: GA IV, S. 213ff.

Der Undankbare, (in: Die Haarbeutel): GA III, S. 218ff.
(HkGA III, Sp. 18ff.)

Der zu wachsame Hund: GA I, S. 147ff.
(HkGA I, Sp. 150ff.)

Der Zylinder, (in: Dideldum): GA II, S. 481ff.
(HkGA II, Sp. 581ff.)

Dideldum! GA II, S. 437ff. (HkGA II, Sp. 529ff.)

Die ängstliche Nacht: GA III, S. 263ff.
(HkGA III, Sp. 63ff.)

Die feindlichen Nachbarn: GA I, S. 470ff.
(HkGA I, Sp. 470ff.)

Die Fromme Helene: GA II, S. 203ff.
(HkGA I, Sp. 227ff.)

Die Haarbeutel: GA III, S. 207ff.
(HkGA III, Sp. 4ff.)

Die Verwandlung: GA I, S. 528
(HkGA I, Sp. 39ff.)

Eduards Traum: GA IV, S. 159ff.

Ein galantes Abenteuer: GA I, S. 411ff.
(HkGA I, Sp. 448)

Fipps der Affe: GA III, S. 273ff.
(HkGA III, Sp. 76)

Hänschen Däumeling: GA III, S. 375ff.
(HkGA III, Sp. 240ff.)

Hänsel und Gretel: GA I, S. 328ff.
(HkGA I, Sp. 310ff.)

Hernach: GA IV, S. 337ff.
(HkGA I, Sp. 576ff.)

Herr und Frau Knopp: GA III, S. 83ff.
(HkGA II, Sp. 691ff.)

Julchen: GA III, S. 147ff.
(HkGA II, Dp. 764ff.)

Krischan mit der Pipe: GA I, S. 316ff.
(HkGA I, Sp. 294)

Kritik des Herzens: GA II, S. 494ff.

Maler Klecksel: GA IV, S. 81ff.
(HkGA III, Sp. 500ff.)

Max und Moritz: GA I, S. 341ff.
(HkGA I, Sp. 328ff)

Meiers Hinnerk: GA IV, S. 332

Müller und Schornsteinfeger: GA I, S. 229ff.
(HkGA I, Sp. 220ff.)

Nur leise (in: Die Haarbeutel): GA III, S. 342ff.
(HkGA III, Sp. 42ff.)

Plisch und Plum: GA III, S. 449ff.
(HkGA III, Sp. 352ff.)

Schein und Sein: GA IV, S. 393ff.

Schnurrdiburr oder die Bienen: GA II, S. 5ff.
(HkGA I, Sp. 556ff.)

Spricker: GA IV, S. 541ff.

Von mir über mich: GA IV, S. 205ff.

Was mich betrifft: GA IV, S. 147ff.

Zu guter Letzt: GA IV, S. 265ff.

Literaturverzeichnis

Werkausgaben

Wilhelm Busch, Sämtliche Werke. 8 Bände. Hg. v. Otto Nöldeke. München 1943

Wilhelm Busch, Gesamtausgabe in vier Bänden. Hg. v. Friedrich Bohne. Wiesbaden 1968 (2.A. 1974)

Wilhelm Busch. Die Bildergeschichten. Historisch-kritische Gesamtausgabe. Bearb. v. Hans Ries. Bd.I-III. Hannover 2002. 2.A. 2007

Wilhelm Busch, 1. Dieses war der erste Streich, 2. Summa Summarum, 3.Eins-zwei-drei im Sauseschritt. Hg. v. Wolfgang Teichmann. Berlin 1960-61

Wilhelm Busch, Kleines Wilhelm Busch Album. Hg. v. Fritz v. Ostini. Berlin 1911

Wilhelm Busch, Prosa. Hg. v. Friedrich Bohne. Zürich 1974

Ut oler Welt. Volksmärchen, Sagen, Volkslieder und Reime gesammelt v. Wilhelm Busch. München 1910

Wilhelm Busch, Sämtliche Briefe. Kommentierte Ausgabe in zwei Bänden. Hg. v. Friedrich Bohne u.a. Hannover. Wilhelm-Busch-Gesellschaft 1968/69

Die Zeichnungen und Malereien

Brunngraber-Malottke, Ruth: Wilhelm Busch. Handzeichnungen nach der Natur. Werkverzeichnis. Hg. v. d. Wilhelm-Busch-Gesellschaft, Hannover 1992

Wilhelm Busch. Zauber des Unvollendeten. Das unbekannte malerische Werk. Bearbeitet von Reinhold Behrens. Hg. v. Friedrich Bohne. Stuttgart 1963

Gmelin, Hans Georg und Behrens, Reinhold: Wilhelm Busch als Maler. Berlin 1980

Wilhelm Busch – Als Maler in seiner Zeit. (Jörg Traeger u.a.). Hg. v. Niedersächsischen Landesmuseum, Hannover 1982

Zeitzeugen

Bassermann, Otto Fr.: Mittheilungen über Persönliches von Wilhelm Busch und mein Verhältnis zu ihm. WBJb 44, 1978, S.5ff.

Block, Paul: Beim Einsiedler von Mechtshausen. In: Berliner Tageblatt 124, vom 9.3.1902. (In: Nöldeke: Ernstes und Heiteres, S.184ff.)

Daelen, Eduard: Über Wilhelm Busch und seine Bedeutung. Düsseldorf 1886

Hofmiller, Josef: Wilhelm Busch; in: Süddeutsche Monatshefte 1908/V, S. 418ff.

Lindau, Paul: Nur Erinnerungen, Bd.2. 2.und 3. Auflage. Stuttgart 1917

Lindau, Paul: Wilhelm Busch. In: Nord und Süd. Berlin 1878, Bd.4, H.11, S.262

Nöldeke, Hermann, Adolf und Otto: Wilhelm Busch. München 1909

Nöldeke, Otto: Wilhelm Busch. Ernstes und Heiteres. Berlin 1938

Rasch, Marie: Als der jüngste Bruder heiratete. Eine Erinnerung an Wilhelm Busch. WBJb 1977, S.35ff.

Biographisches

Balzer, Hans: Nur was wir glauben, wissen wir gewiß. Der Lebensweg des lachenden Weisen Wilhelm Busch. Berlin 7.A. 1958

Bohne, Friedrich: Wilhelm Busch, Leben – Werk – Schicksal. Zürich/Stuttgart 1958

Dangers, Robert: Wilhelm Busch – Sein Leben und sein Werk. Berlin 1930

Diers, Michaela: Wilhelm Busch. Leben und Werk. München 2007/08

Haage, Peter: Wilhelm Busch. Ein weises Leben. Wien/München 1980

Kraus, Joseph: Wilhelm Busch in Selbstzeugnissen und Bilddokumenten. Reinbek bei Hamburg 1970 (rowohlts monographien 163)

Lotze, Dieter P.: Wilhelm Busch. Leben und Werk. Stuttgart/Zürich 1982

Pape, Walter: Wilhelm Busch. Stuttgart 1977

Scher, Peter. Wilhelm Busch. Stutgart 1938

Schury, Gudrun: Ich wollt, ich wär ein Eskimo. Das Leben des Wilhelm Busch. Biographie. Berlin 2007

Sichelschmidt, Gustav: Wilhelm Busch. Der Humorist der entzauberten Welt. Eine Biographie. Düsseldorf 1992

Einzeluntersuchungen

Adamy, Bernard: Todesvorstellungen bei Wilhelm Busch. WBJb 1981, S.12ff.

Beer, Ulrich: Gottlos und beneidenswert – Wilhelm Busch und seine Psychologie. München 1982 (auch: WBJb, Nr.45/46, S.49ff.)

Bohne, Friedrich: Wilhelm Busch und der Geist der Zeit. Leipzig 1931

Bohne, Friedrich (Hrsg.): Was ich ergötzlich fand. Das unbekannte zeichnerische Werk. München 1961

Bolle, Fritz: Wilhelm Busch und die Tiere. JbWBG 1950/51, S.105ff.

Bonati, Peter: Die Darstellung des Bösen im Werk Wilhelm Buschs. (Basler Studien zur deutschen Sprache und Literatur 49) Bern 1973

Bonati, Peter: Schema, Spiel und Fülle. WBJb 49, S.47ff.

Bonati, Peter: Zum Spielcharakter von Buschs Bildergeschichten; in: Die boshafte Heiterkeit des Wilhelm Busch. Hg.v. M. Vogt. Bielefeld 1988, S.79ff.

Brunngraber, Ruth: Über die Bedeutung der Windmühle im Werk von Wilhelm Busch. WBJb 50, S.17ff.

Campe, Joachim: Instinkt und Zivilisation. Zur Tierdarstellung bei Wilhelm Busch. WBJb 1973, S.5ff.

Cornioley, Hans: Sexualsymbolik in der „Frommen Helene" von Wilhelm Busch; in: Die psychoanalytische Bewegung 1, 1929, Heft 2

Cremer, Hanns: Die Bildergeschichten Wilhelm Buschs. Düsseldorf 1937

Cremer, Hanns: Wilhelm Busch. München 1937 (Diss.phil.)

Dangers, Robert: Wilhelm Busch – ein verkappter Romantiker; in: Die Sammlung IX, 1954, S.553

Deknatel, Roelof: Wilhelm Busch, der lachende Philosoph des Pessimismus. Rotterdam 1940

Dettweiler, Christian: Wilhelm Buschs menschliche Problematik. Versuch einer psychoanalytisch-schriftpsychologischen Deutung. WBJb 1976, S.7ff.

Deutlinger, Horst Heinz: Huckebeins Ende: Strukturmodell einer daseinsanalytischen Literaturbetrachtung; in: Monatshefte für deutschen Unterricht LIII 1961, S.301f.

Döring, Maria: Humor und Pessimismus bei Wilhelm Busch. München 1948 (Diss.phil.)

Ehrlich, Joseph: Wilhelm Busch der Pessimist. Sein Verhältnis zu Arthur Schopenhauer. Bern/München 1962

Fitzell, John: Der Wanderer und seine Schuld in den Gedichten von Wilhelm Busch. WBJb 1982, 48, S.51ff.

Fleming, Gerhard: Max und Moritz... Ein Kinderbuch? WBJb 1975, S.23ff.

Glockner, Hermann: Wilhelm Busch, der Mensch, der Zeichner, der Humorist. Tübingen 1932

Guratzsch, Herwig: Das Tierbild bei Wilhelm Busch; in: Studium generale. Vorträge zum Thema Mensch und Tier. Bd.VI. 1987/88. Hannover 1989, S.77ff.

Guratzsch, Herwig: Wilhelm Busch als Zeichner nach der Natur. Hannover 1982, S. 19ff.

Hetzner, Michael: Gestörtes Glück im Innenraum. Über Ehe und Familie bei Wilhelm Busch. Bielefeld 1991

Kahn, Ludwig: Der Doppelsinn der Aussage bei Wilhelm Busch. JWBG 1972, S.24ff.

Kahn, Ludwig: Wilhelm Busch und das Problem des Neunzehnten Jahrhunderts; in: Die Sammlung, 6.Jg., Heft 12, S.721ff.

Kleemann, Fritz: Papiertheater. Die Leitvorstellung der Bühne in Wilhelm Buschs Bildergeschichten. WBJb 1978, 44, S.56ff.

Kleemann, Fritz: Raffs „Naturgeschichte für Kinder" und die Tiergeschichten Wilhelm Buschs. WBJb 1972, S.26ff.

Kleemann, Fritz: Von der Lustigen Naturgeschichte zu Hernach. WBJb 59, 1993, S. 7ff.

Klotz, Volker: Was gibts bei Wilhelm Busch zu lachen? In: Die boshafte Heiterkeit des Wilhelm Busch. Hg. v. Michael Vogt. Bielefeld 1988, S. 11f.

Kraus, Joseph: Ausdrucksmittel der Satire bei Wilhelm Busch. Los Angeles 1968. (Auszug in: WBJb 1969, S.28f.)

Lampe, Walther: Wilhelm Busch. Der Lyriker. WBJb 1950/51, S.65ff.

Lampe, Walther: Wilhelm Busch und das Recht. JWBG XXII, S.45ff.

Lotze, Dieter P.: Balduin Bählamm und Tonio Kröger. WBJb 44, 1978, S.36

Lotze, Dieter P.: Buschs Jacke aus Heines Frack? Zu Sprache und Stil bei Heine und Busch. WBJb 1975, S.5ff.

Lumpe, Christel: Das Groteske im Werk Wilhelm Buschs. Göttingen 1953

Martinius, Joest: Max und Moritz und andere Kinderdarstellungen in der Karikatur. WBJb 1990, Nr.56, S.20ff.

Marxer, Peter: Wilhelm Busch als Dichter. Zürich 1967 (Diss.phil.)

Mihr, U.: Wilhelm Busch: der Protestant, der trotzdem lacht. Tübingen 1983

Möbius, Friedrich: Wilhelm Busch als bildender Künstler des 19. Jahrhunderts; in: Summa Summarum. Hg.v. Teichmann. Berlin, S.129ff.

Novotny, Fritz: Wilhelm Busch als Zeichner und Maler. Wien 1949

Pape, Walter: Die Welt ist und wird nicht vernünftig. Braunschweig 1980, S.51

Pape, Walter: Über Wilhelm Buschs Kinderbücher. WBJb 45/46, 1979/80, S.5ff.

Pape, Walter: „Zwar man zeuget viele Kinder". Das Vaterbild bei Wilhelm Busch; In: Die boshafte Heiterkeit des Wilhelm Busch. Hg.v. Michael Vogt. Bielefeld 1988, S.153ff.

Peregrinus: Der psychoanalysierte Wilhelm Busch; in: Das Tagebuch 10, 1929, S.2002f.

Pietzcker, Frank: Wilhelm Busch – Schuld und Strafe in Werk und Leben. München 1984. – 2.A. Eschborn 1998

Pietzcker, Frank: Symbol und Wirklichkeit im Werk Wilhelm Buschs. Die versteckten Aussagen seiner Bildergeschichten. Frankfurt am Main 2002

Pietzcker, Frank Eduard: Zerstörung und Wiedergutmachung bei Wilhelm Busch. psychosozial, 28.Jg., Nr. 100, 2005, Heft II, S.105ff.

Pietzcker, Frank Eduard: Sadismus und Masochismus im Werk Wilhelm Buschs. psychosozial, 31.Jg., Nr. 111, 2008, Heft I, S.71ff.

Pleister, Wolfgang: E.T.A. Hoffmanns Affe Milo und Fipps der Affe. Ein literar-historischer Vergleich. WBJb 1990, 56, S.45

Rades, Peter: Hintergründiges in den Bildergeschichten Wilhelm Buschs. Köln 1977

Rector, Martin und Schnell, Ralf: Der nicht-versöhnte Pessimist. WBJb 1982, 48, S. 72ff.

Ries, Hans: Der böse Hundefänger und das arme Hündlein. MWBG 1998, S.36ff.

Ries, Hans: Der Weg des Bösen. Die Stellung von „Max und Moritz" im deutschen Bilderbuch des 19. Jahrhunderts nebst einem Ausblick in die Gegenwart.; in: 125 Jahre Max und Moritz. Entstehung und Wirkung des berühmten Buches. Hg. v. d. Wilhelm-Busch-Gesellschaft. Stuttgart 1990, S.12ff.

Ries, Hans: Das Verhältnis von Bild und Wort in Wilhelm Buschs Bilderge-schichten; in: Kinder- und Jugendliteraturforschung 2007/2008. Peter Lang, Frankfurt am Main 2008, S. 23ff.

Ries, Hans: Wilhelm Busch und seine Bildergeschichte „Der Kuchenteig". Archiv des Verlags- und Druckereihauses Seidel, Sulzbach-Rosenberg 2008

Roebling, Irmgard: „Du liebe Zeit! Welch ein Malheur! Man kennt das schöne Bild nicht mehr!" Versuch über Zerstörungsphantasien bei Wilhelm Busch; in: Phantasie und Deutung. Psychologisches Verstehen von Literatur und Film. 1986, S.70ff.

Roos, Carl: Wilhelm Busch. Sorg i Kraproedt. Kopenhagen 1948. (Deutsche Übersetzung von Maria Hickmann im Wilhelm Busch Museum)

Ruby, Daniel: Schema und Variation. Untersuchungen zum Bildergeschich-tenwerk Wilhelm Buschs. Frankfurt am Main 1998

Ruhmer, Eberhard: Europäische Zeichenkunst des 19. Jahrhunderts und Wilhelm Busch. In: Wilhelm Busch. Als Zeichner nach der Natur. Hanno-ver 1982, S.37ff.

Sautermeister, Gert: Die Fromme Helene; in: Kindlers Literatur-Lexikon, Ergänzungs-Band 12, S.10664f.

de Smedt, Erik: Ideologiekritik in „Eduards Traum". WBJb 1978, 44, S.68ff.

Sorg, Bernhard: Zur literarischen Schopenhauer-Rezeption im 19. Jahrhun-dert. Heidelberg 1975

Stubbe, Wolf: Der Holzschnitt, geschätzt und gehasst vom Zeichner Wil-helm Busch; in: Wilhelm Busch. Die Bildergeschichten zwischen Flugblatt und Cartoon. Hg. v. Regine Timm. Berlin 1982, S.11

Timm, Regine: Vergängliches Gelächter... Über die geschichtliche Entwicklung des Komischen; in: Wilhelm Busch. Die Bildergeschichten zwischen Flugblatt und Cartoon. Hg. v. R. Timm. Berlin 1982, S.24

Ueding, Gert: Wilhelm Buschs missrat´ne Kinder; in: Frankfurter Hefte, 28.Jg., Heft 9, Sept. 1973, S.655ff.

Ueding, Gert: Wilhelm Busch. Das 19. Jahrhundert en miniature. Frankfurt am Main 1977

Ueding, Gert: Lustrevier und Schreckenskabinett. In: FAZ vom 10.4.1982

Ueding, Gert: Und Poet dazu... Der Schriftsteller Wilhelm Busch; in: Wilhelm Busch. Die Bildergeschichten zwischen Flugblatt und Cartoon. Hg.v. R. Timm. Berlin 1982, S.29ff.

Vaßen, Florian: Körper-Nähe und Distanz-Blick. Überlegungen zu Körper und Lachen in Wilhelm Buschs Bildergeschichten; in: Michael Vogt (Hrsg): Die boshafte Heiterkeit des Wilhelm Busch. Bielefeld 1988, S.103ff.

Vogt, Michael: „Mit abgefeimter Seelenruh". Über Sinn und Moral bei Wilhelm Busch; in: M. Vogt (Hrsg): Die boshafte Heiterkeit des Wilhelm Busch. Bielefeld 1988, S.129ff.

Volkmann, Otto Felix: Wilhelm Busch der Poet. Seine Motive und seine Quellen. Leipzig 1910 (Nachdruck Hildesheim 1973)

Wiechert, Karl: Es ist auch allerlei Politisches drin. WBJb XXXI, 1964/65, S.7ff.

Wiechert, Karl: Wie aus Kortums Jobsiade eine Buschiade wurde. WBJb 1968, S.29ff.

Winther, Fritz: Wilhelm Busch als Dichter, Künstler, Psychologe und Philosoph; in: Abhandlungen über „Modern Philology" der „University of California". Vol.2, Nr.1. Berkeley 1910

Abkürzungsverzeichnis

GA	Wilhelm Busch. Gesamtausgabe in vier Bänden. Hg.v. Friedrich Bohne. 2.A. Wiesbaden 1974
HkGA	Wilhelm Busch. Die Bildergeschichten. Historisch-kritische Gesamtausgabe. Bearbeitet von Hans Ries. 2. überarb. A.. Hannover 2007
MWBG	Mitteilungen der Wilhelm-Busch-Gesellschaft Hannover
SW	Wilhelm Busch. Sämtliche Werke. 8 Bände. Hg.v. Otto Nöldeke. München 1943
Briefe	Wilhelm Busch. Sämtliche Briefe. Kommentierte Ausgabe in zwei Bänden. Hg.v. Friedrich Bohne. Hannover 1968
JWBG	Jahrbuch der Wilhelm-Busch-Gesellschaft
WBJb	Wilhelm-Busch-Jahrbuch
WaWuV	Arthur Schopenhauer. Die Welt als Wille und Vorstellung. Hg.v. W.v.Löhneysen. 2 Bde. Frankfurt am Main u. Leipzig 1996